O EXÉRCITO DE TERRACOTA

Uma Exploração Do Orgulho De Xi'an E Do Tesouro Nacional Da China

JAKE WHITEFIELD

Índice

INTRODUÇÃO

Imagine um vasto e silencioso exército em formação perfeita sob a terra – milhares de soldados, bigas e cavalos congelados no tempo, esperando pacientemente para serem descobertos. Durante séculos, permaneceram na escuridão, escondidos do mundo, e a sua existência era desconhecida até um dia fatídico em 1974, quando agricultores que cavavam um poço acidentalmente tropeçaram num dos achados arqueológicos mais extraordinários da história. À medida que a Terra foi afastada, revelou um enorme exército subterrâneo, cada soldado meticulosamente criado e posicionado, como se estivesse pronto para marchar para a eternidade. A descoberta do Exército de Terracota não foi apenas uma revelação histórica, mas também um vislumbre da mente de um dos governantes mais poderosos e enigmáticos da história chinesa, o Imperador Qin Shi Huang. Esta legião silenciosa foi uma prova do seu desejo de controle eterno e da sua ambição incansável de garantir o seu lugar nesta vida e na próxima.

Qin Shi Huang, o Primeiro Imperador da China, era um homem de visão e crueldade incomparáveis. A sua ambição não tinha limites; ele não apenas unificou a

China, estabelecendo as bases para uma nação que ainda existe, mas também embarcou num projeto colossal para garantir que o seu governo transcendesse a própria morte. O Exército de Terracota, parte de um complexo de mausoléu muito maior que permanece praticamente não escavado, foi criado para acompanhá-lo na vida após a morte, protegendo-o como fizeram durante seu reinado. Cada uma das milhares de figuras é única, personificando o comando do imperador sobre um império tão vasto e diversificado. Esta maravilha antiga oferece mais do que apenas um vislumbre do poder de Qin Shi Huang – ela revela sua crença na continuidade da autoridade além do túmulo, sua determinação em governar para sempre e até onde ele iria para imortalizar seu império, mesmo na morte. A descoberta do Exército de Terracota proporcionou aos historiadores e arqueólogos uma janela notável para a China antiga, dando-nos uma visão não apenas do homem que o construiu, mas de toda a civilização que ele deixou para trás.

Descoberto em 1974 por agricultores que cavavam um poço perto de Xi'an, na China, o Exército de Terracota surpreendeu o mundo. O que ficou escondido sob camadas de terra por mais de dois milênios foi uma visão de incrível grandeza: um exército de guerreiros em tamanho natural, meticulosamente trabalhados em argila, guardando o túmulo do imperador. Esses soldados, com suas expressões faciais complexas e armaduras finamente detalhadas, não eram apenas estátuas, mas um reflexo do imenso poder e riqueza de um imperador que acreditava em governar a vida após a morte como fez em vida.

Cada figura era única, representando os soldados de seu império – desde soldados de infantaria até arqueiros e generais. Mas, para além da sua presença física, simbolizavam algo maior: o poder de um império que outrora unificou os estados beligerantes da China e o desejo inabalável de um homem de conquistar a eternidade.

Contexto Histórico

Para compreender verdadeiramente o significado do Exército de Terracota, é preciso voltar ao mundo do século III aC. Foi uma época de guerra e caos, onde estados rivais lutaram pelo domínio no que mais tarde se tornaria a China. Qin Shi Huang, um jovem rei do estado de Qin, subiu ao poder com uma visão singular: unir as terras fragmentadas sob uma única bandeira. Através de campanhas militares implacáveis, diplomacia astuta e força brutal, ele conseguiu o que muitos consideravam impossível.

Em 221 aC, Qin Shi Huang declarou-se o Primeiro Imperador da China, governante de uma nação unificada pela primeira vez na história. Seu governo trouxe mudanças radicais: ele padronizou pesos, medidas, moeda e até mesmo a linguagem escrita. Ele encomendou enormes projetos de construção, incluindo a antiga Grande Muralha, e expandiu a infra-estrutura do seu império com uma vasta rede de estradas e canais. Mas foi o seu túmulo, com o seu exército subterrâneo, que se tornou o seu projecto mais ambicioso – concebido para espelhar o seu império e garantir o seu domínio na vida após a morte.

Imagine estar diante dos poços escavados pela primeira vez, onde milhares de guerreiros em tamanho natural permanecem em silêncio, fileira após fileira. Os olhos deles parecem segui-lo, como se você tivesse entrado em outro mundo – um antigo campo de batalha congelado no tempo. Cada guerreiro é único e seu rosto foi cuidadosamente esculpido para refletir a diversidade do exército do imperador. Alguns parecem solenes, outros ferozes, e cada um carrega o peso da história sobre os ombros largos.

À medida que você caminha pelo local da escavação, a escala da ambição de Qin Shi Huang torna-se mais do que apenas um fato histórico – torna-se palpável. É uma viagem no tempo, onde a linha entre o passado e o presente se confunde. Você não é mais apenas um visitante de um museu; você é uma testemunha da visão eterna de um imperador. O Exército de Terracota não é apenas uma relíquia do passado – é um testemunho do poder da ambição humana e da eterna questão de como desejamos ser lembrados.

Esta introdução apenas arranha a superfície das maravilhas do Exército de Terracota, mas a jornada apenas começou. Quanto mais você se aprofunda na história, mais descobrirá sobre o homem, o império e o incrível legado que continua a cativar o mundo.

CAPÍTULO 1

A Vida e o Legado de Qin Shi Huang

A vida de Qin Shi Huang, o primeiro imperador da China, é uma história de ambição, conquista e uma busca incansável pelo poder que mudou para sempre o curso da história chinesa. Nascido numa terra fragmentada de estados em guerra, subiu ao poder ainda jovem e embarcou numa campanha sem precedentes para unificar o país. Com capacidade militar incomparável e brilho estratégico, conquistou seis estados rivais, tornando-se o primeiro governante a presidir uma China unificada. Mas a visão de Qin Shi Huang estendeu-se para além do campo de batalha — ele procurou criar um império centralizado governado por leis, padrões uniformes e infra-estruturas sem paralelo. O seu reinado foi marcado por reformas abrangentes que moldaram o cenário político, social e cultural da China durante os séculos seguintes.

No entanto, Qin Shi Huang não se contentou em governar um império. Ele queria governar para sempre. Obcecado pela ideia da imortalidade, ele mergulhou na alquimia e procurou os lendários elixires da vida eterna, ao mesmo tempo que construía um grande túmulo que garantiria a sua glória na vida após a morte. Sua busca pela imortalidade, combinada com seu governo severo, lançou uma sombra sobre seu legado, pintando-o como um visionário e um tirano. No entanto, apesar das controvérsias em torno do seu reinado, o seu impacto na civilização chinesa é inegável. Da unificação da China à construção da Grande Muralha, o legado de Qin Shi Huang perdura como um símbolo de ambição, força e da eterna busca pelo poder.

O Primeiro Imperador da China

Imagine estar em uma vasta câmara, com paredes decoradas com padrões intrincados de uma dinastia há muito esquecida. No centro, envolto em sombras, está a figura de Qin Shi Huang, um governante cujo nome ressoaria ao longo da história. Nascido como Ying Zheng em 259 a.C., poucos poderiam ter previsto que esta criança cresceria e remodelaria a própria estrutura da civilização chinesa.

Na altura do seu nascimento, a China era uma colcha de retalhos de Estados em guerra, cada um competindo pelo poder num período caótico conhecido como a Era dos Reinos em Guerra. Foi uma época de conflitos constantes, onde a traição e a violência eram ocorrências cotidianas. Ying Zheng, filho do rei Zhuangxiang de Qin, nasceu nesta turbulência. Mas desde cedo, aqueles ao seu redor puderam sentir que ele não era um príncipe comum. Ele tinha uma vontade de ferro, uma inteligência incomparável e, talvez o mais importante, uma crença inabalável no seu destino: unir os estados em guerra e governar como o primeiro imperador de uma China unificada.

Na tenra idade de 13 anos, Ying Zheng ascendeu ao trono do estado de Qin, embora seu reino ainda estivesse sob a influência de um regente. À medida que amadureceu até a idade adulta, Ying Zheng não perdeu tempo em consolidar o poder. Ele eliminou impiedosamente as ameaças internas, lidando com ministros rebeldes e generais traidores que procuravam enfraquecer o seu reinado. Aos 22 anos, ele reivindicou o controle total de seu reino e o próximo passo de sua grande visão começou.

Nos anos que se seguiram, Ying Zheng, agora conhecido como Qin Shi Huang, embarcaria numa campanha militar sem precedentes para conquistar os seis estados rivais – Han, Zhao, Wei, Chu, Yan e Qi. Foi uma conquista implacável. Cidades inteiras foram arrasadas e aqueles que resistiram enfrentaram consequências rápidas e brutais. No entanto, através desta destruição, Qin Shi Huang estava a criar algo maior do que o mundo alguma vez tinha visto: uma China unida.

Unificação dos Estados Chineses

O triunfo de Qin Shi Huang sobre os estados em guerra não aconteceu por acaso. Seu sucesso foi o resultado de uma estratégia calculada, de um exército poderoso e do uso de armas inovadoras como a besta. Mas havia algo mais – uma força invisível que tornou as suas vitórias inevitáveis. Qin Shi Huang foi um visionário. Ele sabia que o poder militar por si só não consolidaria o seu legado. Ele precisava unificar o povo, não apenas a terra.

Depois que seus exércitos subjugaram o último dos seis estados em 221 aC, Qin Shi Huang proclamou-se o Primeiro Imperador, um título que refletia sua conquista sem precedentes. A China já não era um conjunto fragmentado de reinos rivais. Era agora um império coeso sob o domínio de um único homem. E, no entanto, para Qin Shi Huang, a unificação foi apenas o começo.

O imperador imediatamente começou a transformar a própria essência do seu novo império. Num golpe de gênio, ele aboliu o antigo sistema feudal, onde famílias nobres detinham o controle sobre as regiões. Em vez disso, ele dividiu o império em unidades administrativas que eram governadas por funcionários leais nomeados por ele. Esta centralização do poder garantiu que ninguém pudesse desafiar a sua autoridade e que todos os caminhos levassem diretamente ao imperador.

Mas a visão de unidade de Qin Shi Huang estendeu-se para além da reforma política. Ele também reconheceu a importância da unidade cultural e intelectual. Sob seu reinado, foi introduzido um sistema padronizado de escrita, permitindo que pessoas de diferentes regiões se comunicassem com mais facilidade. Ele também padronizou medidas, moeda e até mesmo a largura dos eixos dos carrinhos, garantindo que o comércio e as viagens pelo império fossem tranquilos e consistentes.

Para solidificar ainda mais o seu legado, Qin Shi Huang encomendou projetos ambiciosos de infraestrutura que eram incomparáveis em escala. A mais famosa delas foi a Grande Muralha da China, uma monumental barreira defensiva destinada a proteger o seu império das tribos nômades do norte. Embora partes da parede já existissem antes de sua época, Qin Shi Huang foi o primeiro a conectar e ampliar essas seções, criando o que se tornaria uma das estruturas mais icônicas da história da humanidade.

Embora estas reformas tenham trazido unidade e progresso, também trouxeram ressentimento. Muitos estudiosos, especialmente aqueles que aderiram aos ideais confucionistas, viam com desdém as estritas políticas legalistas de Qin Shi Huang. As duras punições impostas pelo imperador à dissidência, juntamente com a notória queima de livros para suprimir a oposição intelectual, renderam-lhe inimigos entre a classe instruída. Mas para Qin Shi Huang, estes foram sacrifícios necessários. Ele acreditava que a unidade só poderia ser alcançada através de um controle estrito e de uma lealdade inabalável ao Estado.

A Visão da Imortalidade de Qin Shi Huang

Apesar de suas realizações, havia uma coisa que atormentava a mente de Qin Shi Huang: a morte. Como muitos governantes antes dele, o imperador era assombrado pela inevitabilidade da sua própria mortalidade. Mas, ao contrário de outros, ele acreditava que poderia vencer a morte assim como havia conquistado os estados em guerra. Sua busca pela imortalidade tornou-se uma obsessão que o levaria por caminhos estranhos e perigosos.

Desde o início de seu reinado, Qin Shi Huang procurou estudiosos, alquimistas e mágicos que afirmavam deter o segredo da vida eterna. Ele encomendou expedições em busca das ilhas míticas dos imortais, onde se acreditava que o elixir da vida poderia ser encontrado. Numa história famosa, ele enviou uma frota inteira liderada por um alquimista chamado Xu Fu para encontrar estas ilhas. Nunca mais se ouviu falar da expedição.

Qin Shi Huang também se voltou para o florescente campo da alquimia. Ele consumiu poções e elixires que supostamente prolongavam a vida, muitos dos quais continham mercúrio – uma substância que agora sabemos ser venenosa. Ironicamente, sua busca pela imortalidade pode ter acelerado sua morte, já que as substâncias tóxicas que consumiu provavelmente enfraqueceram seu corpo com o tempo.

Apesar de sua crescente paranóia e obsessão em evitar a morte, Qin Shi Huang permaneceu focado em sua grande visão. Ele ordenou a construção de um vasto mausoléu subterrâneo, que garantiria sua glória na vida após a morte. Guardado por milhares de guerreiros de terracota, este túmulo foi concebido como um microcosmo do seu império, com rios de mercúrio fluindo pelos seus corredores e um teto incrustado com jóias para representar as estrelas. O imperador pode ter aceitado que não poderia viver para sempre neste mundo, mas estava determinado a governar no próximo.

Sua Influência Duradoura na História Chinesa

A morte de Qin Shi Huang em 210 aC não marcou o fim do seu legado. Longe disso. Embora o seu império caísse rapidamente no caos após a sua morte, as estruturas que ele criou – o governo centralizado, os sistemas padronizados, a infraestrutura monumental – serviriam de base para futuras dinastias.

A sua visão de uma China unificada perdurou, tornando-se a pedra angular da civilização chinesa durante mais de dois milénios. Dinastias posteriores, como a Han, desenvolveriam as bases que ele lançou, refinando e expandindo suas reformas. Ainda hoje, o próprio nome "China" (derivado de "Qin") serve como testemunho da sua influência duradoura.

Mas o legado de Qin Shi Huang não deixa de ser controverso. Ele é lembrado como um visionário e um tirano, um governante que alcançou o impossível, mas com grande custo humano. As suas duras políticas legalistas, que exigiam obediência absoluta e aplicavam punições brutais à dissidência, lançaram uma longa sombra sobre o seu reinado. Os milhares de trabalhadores que morreram na construção dos seus projectos, os académicos que foram executados por desafiarem os seus decretos e os cidadãos que sofreram sob o seu rígido controlo, todos servem como lembretes do lado negro da sua ambição.

No entanto, apesar destas contradições, Qin Shi Huang continua a ser uma figura fascinante. A sua busca incansável pelo poder e pela imortalidade, as suas reformas abrangentes e a sua vontade indomável fizeram dele uma das figuras mais duradouras da história mundial. Até hoje, seu exército de terracota permanece como um tributo silencioso à sua grandeza – um lembrete de que, no final, ele alcançou uma forma de imortalidade.

CAPÍTULO 2

A Construção do Mausoléu

A construção do mausoléu de Qin Shi Huang, o Primeiro Imperador da China, é um dos feitos mais notáveis da engenharia antiga. Estendendo-se por 56 quilómetros quadrados e escondido sob uma colina na província de Shaanxi, este túmulo monumental pretendia ser mais do que apenas um local de descanso final – era um microcosmo do império do imperador, destinado a durar pela eternidade. O que havia abaixo da superfície era muito mais do que uma simples câmara mortuária. Era um império de guerreiros de barro, carruagens, cavalos e armas, todos meticulosamente concebidos para acompanhar o imperador na vida após a morte. Desde o seu início, o mausoléu foi imaginado como o símbolo máximo do poder incomparável de Qin Shi Huang e de sua ambição de reinar eternamente, mesmo na morte.

Mas como surgiu um projeto tão audacioso? A construção do mausoléu começou pouco depois de Qin Shi Huang ascender ao trono, aos 13 anos de idade. A escala e a visão deste projecto eram inimagináveis na altura, envolvendo o trabalho de mais de 700.000

trabalhadores, arquitectos, artesãos e engenheiros. Durante quase quatro décadas, estes indivíduos trabalharam sob o comando do imperador, juntando as peças do que se tornaria um testemunho sem paralelo da grandiosidade e da mística da China antiga. A história de como este túmulo monumental ganhou vida não é apenas sobre arquitetura e engenharia – é sobre perseverança humana, ambição imperial e a determinação de um governante em desafiar a mortalidade.

O Grande Projeto: Design e Planejamento

O mausoléu de Qin Shi Huang não era um túmulo comum; era um reflexo intrincado de seu império, meticulosamente planejado para espelhar o mundo acima. O imperador estava determinado a que sua vida após a morte refletisse seu reinado na Terra, então o projeto do mausoléu foi baseado no layout da capital, Xianyang, com paredes internas e externas e palácios elaborados no interior. A câmara central, onde o corpo do imperador foi sepultado, era cercada por camadas de passagens subterrâneas, cada uma meticulosamente planejada para simbolizar diferentes facetas de seu reinado.

O projeto foi conduzido pelos consultores e arquitetos de Qin Shi Huang, mas, em última análise, foi a sua própria visão que levou ao escopo e à complexidade do projeto. Cada detalhe, desde a orientação do túmulo até a estrutura das paredes, estava repleto de significado. A tumba em si estava alinhada ao longo das direções cardeais, simbolizando o controle do imperador sobre os quatro cantos do mundo conhecido. Até o posicionamento do famoso Exército de Terracota foi deliberado – os soldados foram organizados para proteger o túmulo numa formação semelhante à da guarda imperial, permanecendo sempre vigilantes às portas do palácio eterno do imperador.

A obsessão do imperador pela imortalidade influenciou todas as partes do planejamento. Dizia-se que o santuário interno da tumba, onde o corpo do imperador foi enterrado, tinha um teto decorado com pérolas que lembravam as estrelas, enquanto o chão era um vasto mapa da China, com rios e mares feitos de mercúrio fluindo. A crença no poder do mercúrio para conceder a vida eterna simbolizou ainda mais o desejo de Qin Shi Huang de transcender a mortalidade. Esta grande visão exigia não só um trabalho artesanal sem paralelo, mas também recursos e mão-de-obra numa escala nunca antes vista na história da humanidade.

A Força de Trabalho Por Trás do Monumento

A construção do mausoléu do imperador foi um projeto tão imenso que exigiu um exército de trabalhadores, artesãos e engenheiros, totalizando mais de 700.000. Muitos destes trabalhadores eram trabalhadores recrutados, incluindo prisioneiros de guerra, criminosos e cidadãos comuns que foram convocados para o serviço pelo Estado. Para estes indivíduos, a construção do mausoléu não foi apenas um fardo físico, mas uma sentença para a vida toda – muitos nunca deixaram o local, os seus ossos agora misturam-se com a terra sob o monumento que ajudaram a criar.

Apesar das condições extenuantes, a escala da força de trabalho permitiu uma divisão de trabalho que garantiu que todos os aspectos do mausoléu fossem meticulosamente elaborados. Os artesãos se especializaram na criação dos Guerreiros de Terracota – cada figura única, com características faciais, armaduras e armamentos individuais. Os historiadores acreditam que o trabalho foi feito em linha de montagem, com diferentes grupos responsáveis pela elaboração de partes específicas do corpo – cabeças, braços, torsos – antes de serem montadas e pintadas. Da mesma forma, equipes de arquitetos e engenheiros projetaram e construíram o palácio subterrâneo, enquanto outros foram responsáveis pela escavação da vasta rede de túneis que ligavam as diferentes câmaras da tumba.

A força de trabalho, embora grande, trabalhava sob forte segurança e sigilo. Muitos dos trabalhadores não tinham conhecimento do escopo completo do projeto, já que apenas alguns superiores tinham conhecimento de todo o layout e finalidade do mausoléu. O segredo estendeu-se para além da morte do imperador, com muitos dos envolvidos na construção do santuário interior alegadamente a serem enterrados vivos para proteger os segredos do túmulo. Diz-se que o imperador, temendo que seu túmulo fosse saqueado, ordenou o sepultamento desses trabalhadores para evitar que revelassem o funcionamento interno de seu local de descanso final.

Maravilhas de Engenharia e Arquitetura

A magnitude da construção do mausoléu só foi igualada pelo brilhantismo de sua engenharia. A construção do palácio subterrâneo envolveu técnicas arquitetônicas avançadas que estavam séculos à frente de seu tempo. Camadas de solo foram compactadas para formar uma estrutura estável, enquanto o uso de suportes de madeira ajudou a evitar colapsos. Os construtores também aproveitaram a geografia natural da região, utilizando as montanhas e colinas circundantes como fortificações naturais para o túmulo. Toda a estrutura foi projetada para ser independente, com túneis e câmaras que se estendiam por quilômetros abaixo da terra.

Um dos feitos de engenharia mais impressionantes foi a criação do próprio Exército de Terracota. Cada guerreiro, com mais de um metro e oitenta de altura e pesando centenas de quilos, foi esculpido com extraordinária precisão. As figuras foram queimadas em enormes fornos, alguns dos quais se acredita terem sido construídos especialmente para o projeto. O uso da construção modular – onde diferentes partes da carroceria eram feitas separadamente e posteriormente montadas – permitiu um alto grau de personalização, mantendo a eficiência. O resultado foi um exército de soldados realistas, cada um imbuído de características individuais que refletiam a diversidade das forças militares reais de Qin Shi Huang.

A câmara interna da tumba, onde o corpo de Qin Shi Huang foi sepultado, era igualmente impressionante em seu design. Segundo textos históricos, a câmara estava repleta de tesouros e réplicas de palácios, rios e montanhas, todos destinados a servir o imperador na vida após a morte. A característica mais surpreendente, porém, foi o relato do uso de mercúrio para criar rios e mares caudalosos. Textos antigos descrevem como os artesãos construíram canais intrincados para direcionar o fluxo de mercúrio, criando uma paisagem sobrenatural destinada a representar o domínio do imperador sobre os céus e a Terra. Cientistas modernos encontraram níveis elevados de mercúrio no solo ao redor da tumba, dando credibilidade a esses relatos antigos.

Segredos sob a Tumba

Apesar de décadas de escavações e pesquisas, grande parte do mausoléu permanece não escavada, envolta em mistério. A câmara central, onde se acredita que o corpo de Qin Shi Huang esteja, nunca foi aberta, em parte devido a preocupações com a preservação e aos perigos potenciais representados pelos altos níveis de mercúrio supostamente contidos nela. O que está sob a tumba é objeto de muita especulação, com textos antigos oferecendo pistas tentadoras.

De acordo com os Registros do Grande Historiador, de Sima Qian, a câmara central foi projetada para ser uma versão em miniatura do império do imperador, completa com rios de mercúrio, réplicas de palácios e constelações que brilhavam no teto. Há rumores de que a tumba também contém vastos tesouros – ouro, jade e artefatos raros – que permaneceram intactos por mais de dois milênios. O santuário interno teria sido protegido por uma série de armadilhas, incluindo bestas preparadas para disparar contra intrusos, acrescentando outra camada de intriga ao mistério que cercava a tumba.

À medida que os arqueólogos modernos continuam a explorar o local, novas descobertas são feitas constantemente, mas a câmara central permanece indefinida. Por enquanto, os segredos da tumba de Qin Shi Huang estão escondidos sob camadas de terra, esperando para serem descobertos. A visão do imperador sobre a imortalidade, tanto na vida como na morte, continua a cativar historiadores e aventureiros, lembrando ao mundo um governante cujas ambições transcenderam os limites do tempo e do espaço.

A história da construção do mausoléu é ao mesmo tempo grandiosa e misteriosa - um testemunho do brilhantismo da antiga engenharia chinesa e do legado duradouro de Qin Shi Huang. Sua tumba, assim como seu império, foi projetada para durar pela eternidade e, em muitos aspectos, assim foi. Ainda não se sabe se os segredos sob a tumba serão totalmente revelados, mas uma coisa é certa: o Exército de Terracota e o mausoléu de Qin Shi Huang permanecem como uma das maiores maravilhas do mundo antigo, um símbolo atemporal da ambição humana. e a busca pela imortalidade.

CAPÍTULO 3

A Descoberta e Escavação

A descoberta do Exército de Terracota em 1974 não foi o resultado de uma busca calculada, mas uma reviravolta do destino que trouxe o mundo antigo à vida mais uma vez. Sob o solo de uma humilde aldeia chinesa, alguns agricultores locais tropeçaram em fragmentos de terracota enquanto cavavam um poço. Sem o conhecimento deles, eles desenterraram a porta de entrada para uma das descobertas arqueológicas mais extraordinárias da história – um extenso exército subterrâneo de soldados, cavalos e bigas em tamanho natural, todos criados há mais de 2.000 anos para proteger o túmulo do primeiro imperador da China, Qin Shi Huang. O que começou como uma simples busca por água rapidamente se tornou uma sensação global, cativando estudiosos, arqueólogos e historiadores.

A descoberta do Exército de Terracota foi apenas o começo. Quando os arqueólogos iniciaram a meticulosa tarefa de escavação, encontraram não só a grandeza da visão militar de Qin, mas também uma série de desafios que levariam décadas a superar. Da fragilidade das figuras antigas à vasta extensão do próprio mausoléu, a escavação foi um empreendimento imenso que exigiu inovação e paciência. Este capítulo investiga a emocionante história de como uma das maiores maravilhas da história foi descoberta, os obstáculos que surgiram durante a sua escavação e os avanços notáveis que nos permitiram compreender melhor o mundo misterioso do primeiro imperador da China.

A Descoberta Fortuita em 1974

Era a primavera de 1974, um ano como qualquer outro na tranquila área rural do distrito de Lintong, na província de Shaanxi, na China. O país estava a emergir da convulsão da Revolução Cultural e, numa pequena aldeia perto do Monte Li, a vida prosseguia normalmente. Os agricultores, como fizeram durante séculos, cultivaram o solo, esperando uma colheita frutífera. Mal sabiam eles que sob os seus pés estava escondido algo muito mais significativo do que as colheitas – algo que mudaria para sempre a compreensão mundial da China antiga.

Numa manhã fatídica, um grupo de agricultores decidiu cavar um poço para combater as secas recorrentes na região. Suas mentes estavam voltadas para a água, não para a história, enquanto trabalhavam sob o sol. No entanto, o que desenterraram não foi o jorro de água fria previsto, mas fragmentos de terracota – pedaços de uma estátua em tamanho natural. Desnorteados, eles continuaram a cavar, descobrindo o que pareciam ser os restos de uma figura humana. No entanto, a figura não era uma escultura comum – era o primeiro dos milhares de soldados que mais tarde seriam revelados.

A notícia se espalhou rapidamente pela aldeia. A princípio, a descoberta foi recebida com confusão. Os agricultores não tinham como saber que tinham tropeçado num dos maiores achados arqueológicos do século XX. As autoridades locais foram notificadas e logo uma equipe de arqueólogos chegou ao local. O que eles descobriram foi além de suas expectativas mais loucas. Eles descobriram um antigo exército congelado no tempo, montando guarda no túmulo do primeiro imperador da China, Qin Shi Huang.

O choque inicial foi palpável. Aqui, na terra abaixo de seus campos, havia um exército silencioso – fileiras e mais fileiras de soldados de terracota em tamanho natural, cada um com expressões faciais únicas, como se estivessem prontos para a batalha. A descoberta foi inteiramente acidental e, ainda assim, parecia que a história tinha escolhido aquele momento para se revelar ao mundo.

Assim que a importância da descoberta se tornou aparente, o governo chinês agiu rapidamente para proteger o local. Mas o processo foi tudo menos tranquilo. A arqueologia na década de 1970, especialmente na China, não estava equipada para lidar com uma escavação de uma escala e complexidade sem precedentes. O desafio inicial foi simplesmente compreender a enormidade do que estava enterrado. As poucas estátuas descobertas pelos agricultores eram apenas um pequeno vislumbre de um vasto mundo subterrâneo.

As primeiras equipes de escavação enfrentaram uma infinidade de dificuldades. Por um lado, o tamanho do site era impressionante. À medida que mais e mais soldados eram desenterrados, tornou-se claro que não se tratava de uma única câmara, mas de uma extensa necrópole, que se estendia muito além da descoberta inicial. As estimativas cresceram rapidamente, prevendo que o local poderia abrigar até 8.000 soldados, juntamente com cavalos, carruagens e armas.

Outro desafio foi a fragilidade das figuras de terracota. Embora tenham permanecido enterrados por mais de dois milênios, a exposição ao ar e à luz representava uma ameaça significativa à sua preservação. Muitas das figuras foram encontradas quebradas ou incompletas, danificadas pelas pressões do tempo e da terra. A tarefa de escavar estas estátuas sem causar mais danos exigiu um trabalho delicado e preciso. Equipes de arqueólogos tiveram que remover cuidadosamente camadas de solo, garantindo que cada fragmento fosse meticulosamente catalogado e preservado.

Somando-se à complexidade estava a falta de técnicas avançadas de preservação. As figuras foram originalmente pintadas em cores vibrantes, mas uma vez expostas ao ar, a tinta começou a descascar quase imediatamente. Isto representava um enorme dilema: como poderiam os arqueólogos escavar o local sem destruir as suas características mais marcantes? Durante muitos dos primeiros anos, este permaneceu um problema não resolvido, levando à dolorosa realidade de que grande parte da arte original foi perdida.

Fatores políticos também complicaram os esforços de escavação. A China na década de 1970 ainda lutava com as consequências da Revolução Cultural e os recursos eram escassos. A arqueologia, embora importante, competiu com outras prioridades nacionais, tornando difícil garantir o financiamento e os materiais necessários para uma escavação adequada. No entanto, o governo chinês compreendeu a importância da descoberta e os esforços para descobrir o Exército de Terracota prosseguiram, embora lentamente e com grande cautela.

Revelando Toda a Extensão do Site

À medida que a escavação avançava, tornou-se cada vez mais claro que a descoberta era muito mais do que uma câmara mortuária; era um vasto complexo subterrâneo, construído para imortalizar o reinado do imperador Qin Shi Huang de uma forma que desafiava a imaginação. O local foi dividido em vários fossos, cada um revelando um novo capítulo na história deste antigo exército.

Poço 1, a maior das áreas escavadas, foi onde foram descobertos os primeiros guerreiros. Estendeu-se por mais de 14.000 metros quadrados – uma extensão que poderia abrigar quarteirões inteiros da cidade. Dentro de suas profundezas havia fileiras e mais fileiras de soldados de infantaria, dispostos em formações precisas, como se aguardassem o comando para marchar para a batalha. A magnitude do local era impressionante. Os arqueólogos ficaram maravilhados com o nível de organização e planejamento utilizado em sua construção. Esta não era uma coleção aleatória de estátuas; foi um monumento cuidadosamente orquestrado ao poder e ao poderio militar de Qin Shi Huang.

Poço 2, não era menos impressionante, abrigando uma mistura de cavalaria, infantaria, arqueiros e carros de guerra. As figuras aqui eram ainda mais complexas, cada guerreiro criado com características individuais, até as dobras de suas vestes e as expressões em seus rostos. O Pit 2 ofereceu informações sobre as diferentes funções dentro do exército de Qin, mostrando a diversidade de suas forças.

Poço 3, a menor das áreas escavadas, servia como centro de comando do exército. Dentro dele estavam oficiais e generais, seus uniformes e armaduras mais elaborados denotando sua posição mais elevada. Este fosso proporcionou um raro vislumbre da hierarquia e organização do aparato militar de Qin.

À medida que mais poços foram descobertos, a escala do projeto tornou-se cada vez maior. Ficou claro que o complexo do mausoléu não era apenas um cemitério, mas um reino subterrâneo inteiro, construído para servir ao imperador na vida após a morte. Os números não se limitaram aos soldados; artesãos, acrobatas, músicos e funcionários também foram descobertos, aumentando a riqueza do significado cultural do local. Cada descoberta aprofundou a nossa compreensão da visão do imperador sobre o seu reinado eterno.

Ao longo dos anos, à medida que a tecnologia avançava, também evoluíam os métodos utilizados para escavar e estudar o Exército de Terracota. Um dos avanços mais significativos veio na forma de digitalização 3D e tecnologia de imagem, que permitiu aos arqueólogos mapear o local sem perturbar o seu conteúdo frágil. Esta abordagem não invasiva forneceu uma imagem mais clara da extensão do mausoléu e ajudou os investigadores a desenvolver técnicas de preservação mais eficazes.

Outro avanço importante foi no campo da conservação. A perda precoce das superfícies pintadas das figuras foi um grande golpe, mas no final do século XX, os cientistas desenvolveram métodos para preservar os pigmentos restantes. Utilizando produtos químicos especializados e técnicas avançadas de controlo climático, conseguiram travar a degradação da tinta, preservando as estátuas num estado mais autêntico. Embora grande parte da cor original tenha sido perdida, estes avanços marcaram um ponto de viragem no esforço contínuo para proteger e restaurar o Exército de Terracota.

A escavação do local também levou a uma maior compreensão do próprio túmulo de Qin Shi Huang, que permanece praticamente não escavado. De acordo com registros históricos, a verdadeira câmara mortuária do imperador fica sob um enorme monte perto do local do Exército de Terracota. Diz a lenda que o túmulo contém rios de mercúrio e outros tesouros, mas o receio de danificar o local – e os riscos tóxicos representados pelo mercúrio – impediram os arqueólogos de investigarem demasiado profundamente. Ainda hoje, grande parte do mausoléu do imperador permanece envolta em mistério, aguardando o dia em que a tecnologia permitirá uma exploração segura e completa.

A descoberta do Exército de Terracota também gerou debates contínuos sobre o seu propósito. Era puramente uma arte funerária, destinada a proteger o imperador na vida após a morte, ou servia a uma função mais política ou espiritual? Alguns estudiosos acreditam que o objetivo do exército era transmitir uma mensagem de poder, não apenas aos espíritos do submundo, mas às gerações futuras. Outros sugerem que o exército reflecte o medo profundo da morte que o imperador tinha e a sua obsessão pela imortalidade.

Seja qual for o verdadeiro propósito, a escavação do Exército de Terracota proporcionou uma janela incomparável para a mente de um dos governantes mais ambiciosos da história. Através de cuidadosas escavações, análises e preservação, os arqueólogos continuam a desvendar os segredos desta antiga maravilha, aproximando-nos da compreensão do complexo legado de Qin Shi Huang.

À medida que visitantes de todo o mundo caminham hoje entre os soldados silenciosos, eles são lembrados do acaso daquele dia fatídico em 1974 e da jornada extraordinária que se seguiu. Do poço de um simples fazendeiro a uma das maiores descobertas arqueológicas de todos os tempos, a história do Exército de Terracota é repleta de admiração, perseverança e mistérios duradouros da história.

CAPÍTULO 4

O Significado do Exército de Terracota

O Exército de Terracota não é apenas uma coleção de estátuas antigas; é um símbolo profundo de uma época, de uma cultura e de um governante cuja ambição remodelou a China. Enterrado em segredo por mais de dois milênios, este exército de mais de 8.000 soldados, cavalos e bigas em tamanho natural foi criado para guardar o túmulo do imperador Qin Shi Huang e garantir que seu domínio se estendesse à vida após a morte. A sua escala e detalhes intrincados oferecem um vislumbre do poder da Dinastia Qin, refletindo não apenas o poder militar do imperador, mas também a sua visão de longo alcance da imortalidade. Como testemunho da arte, da estratégia e dos ideais políticos da China antiga, o Exército de Terracota é uma das descobertas arqueológicas mais significativas do século XX. A sua descoberta mudou a nossa compreensão da história chinesa e oferece uma janela incomparável para o mundo antigo.

Para além do seu valor histórico e artístico, o significado do Exército de Terracota estende-se a dimensões culturais e filosóficas mais amplas. Cada soldado, fabricado de forma única, não é apenas uma representação do poderio militar, mas um reflexo da estrutura social e do papel do imperador como unificador da China. A criação do exército, um projecto enorme que requer vastos recursos e trabalho, fala da centralização do poder do imperador e dos sacrifícios feitos para cumprir a sua visão. Além disso, o Exército de Terracota revela a antiga crença chinesa na vida após a morte, onde o mundo material é replicado para garantir uma transição suave para o próximo. Através deste exército, vemos a convergência entre política, religião e arte, tornando o Exército de Terracota não apenas uma relíquia histórica, mas um símbolo intemporal da busca da humanidade por poder, legado e imortalidade.

Simbolismo na Vida Após a Morte

O ano é 210 AC. Imagine estar no coração de um vasto complexo funerário, o ar denso com o peso do destino e da imortalidade. No meio deste local monumental fica o mausoléu de Qin Shi Huang, o primeiro imperador da China, um homem que procurou conquistar não apenas o mundo dos vivos, mas também os reinos dos mortos. O Exército de Terracota, que cerca seu túmulo em grande número, permanece como guardião silencioso de sua alma, protetor da jornada eterna de um rei.

Para compreender plenamente o significado deste exército, devemos voltar à mente de Qin Shi Huang. Sua busca pela imortalidade não era uma obsessão casual — ela o consumia. A lenda fala de sua busca incansável pelo elixir da vida, com seu medo da morte aparecendo como uma sombra. Quando ficou claro que ele não poderia viver para sempre no reino físico, ele voltou seu foco para a vida após a morte. Nas antigas crenças chinesas, a vida após a morte não era um lugar de descanso, mas uma extensão da vida. Se um homem fosse um governante neste mundo, ele continuaria a governar no próximo. Mas para governar, ele precisava de um exército.

O Exército de Terracota é mais do que uma coleção de estátuas; é uma grande declaração do desejo do imperador de manter o seu império para além da morte. Esses milhares de guerreiros, cavalos e carruagens em tamanho natural foram construídos não apenas como símbolos, mas como elementos funcionais de sua corte após a morte. Cada soldado foi criado com características únicas, desde expressões até armaduras, ecoando a crença do imperador de que seus exércitos continuariam a servi-lo, não apenas como representações abstratas, mas como soldados vivos e respirando no mundo além.

O simbolismo é profundo. Esses soldados não foram esculpidos no melhor jade ou ouro, mas em argila – um material ligado à terra, representando tanto a criação quanto a mortalidade. Os guerreiros de barro simbolizam o vínculo entre a vida mortal do imperador e suas aspirações divinas. A escala do exército, meticulosamente organizado em formações de batalha, mostra como Qin Shi Huang via a morte: não como um fim, mas como uma continuação da ordem, do controle e do poder que definiam seu governo.

Na China antiga, os governantes muitas vezes cercavam-se de servos, concubinas e servidores na morte, sacrificando seres humanos vivos para acompanhá-los até a vida após a morte. No entanto, Qin Shi Huang rompeu com esta tradição. Em vez de sacrificar milhares de soldados vivos, ele optou por representá-los em argila – uma ação que falava tanto de pragmatismo quanto de previsão. Ele garantiu que seu domínio não terminaria com seu último suspiro, que seu reinado persistiria, incontestado, no mundo misterioso que o aguardava.

Representando o Poder Militar de Qin Shi Huang

Para compreender o poder militar de Qin Shi Huang, basta olhar para os rostos de seus guerreiros de argila. Imagine fileiras e mais fileiras de soldados meticulosamente trabalhados, cada um com mais de um metro e oitenta de altura, armaduras esculpidas com precisão, armas nas mãos e olhos fixos em um inimigo invisível. A visão teria sido inspiradora e intimidadora – exatamente como o imperador pretendia.

Os soldados do Exército de Terracota são uma prova do domínio militar incomparável de Qin Shi Huang. Sob a sua liderança, a China foi unificada pela primeira vez na história, após séculos de estados em guerra. Seu exército era a força mais temida e reverenciada de seu tempo, com armamento de ponta, formações estratégicas e táticas militares nunca antes vistas. O Exército de Terracota imortaliza esta força, preservando no barro a essência daquilo que tornou o seu reinado tão poderoso.

A individualidade de cada soldado – não há duas faces iguais – representa a diversidade dentro do seu verdadeiro exército. De veteranos experientes a jovens recrutas, arqueiros, soldados de infantaria, cavalaria e oficiais, todas as patentes estão representadas, assim como estavam em vida. Esta não era uma coleção aleatória de estátuas; foi uma recriação meticulosamente detalhada de sua máquina militar, que conquistou todos os que estavam diante dela.

Mesmo as armas que portavam não eram meras réplicas; muitas eram espadas, lanças e bestas de bronze, projetadas para funcionar se necessário. Estes não eram ornamentais; eram um lembrete de que o poder de Qin Shi Huang não era apenas simbólico. Seus guerreiros estavam armados e prontos para lutar mesmo na morte, reforçando a crença do imperador na sua própria invencibilidade. Através do Exército de Terracota, Qin Shi Huang proclamou ao mundo que seu poderio militar era eterno, que nenhum inimigo – terrestre ou não – poderia enfrentá-lo.

Esta grande exibição não foi apenas para o benefício da alma do imperador, mas também uma mensagem para aqueles que ainda vivem. O Exército de Terracota transmitiu uma imagem poderosa às futuras gerações de governantes chineses: aqui reside um homem que uniu os estados em guerra através da pura força de vontade, um líder cuja capacidade militar não poderia ser extinta, nem mesmo pela morte.

O Exército de Terracota é mais do que uma demonstração de poderio militar ou a obsessão de um imperador pela vida após a morte. É um símbolo cultural e político fundamental na história chinesa, refletindo a ambição, a visão e a complexidade do reinado de Qin Shi Huang.

Politicamente, a construção do exército fazia parte de uma estratégia mais ampla para legitimar o governo de Qin Shi Huang. Seu reinado marcou a transição do caótico período dos Reinos Combatentes para uma China unificada sob um único imperador. Para garantir que seu poder fosse inquestionável, Qin Shi Huang precisava projetar uma imagem de invencibilidade, tanto na vida quanto na morte. O Exército de Terracota fazia parte dessa imagem – uma declaração tácita de que a sua dinastia foi ordenada pelos céus, destinada a governar toda a China e, por extensão, a vida após a morte.

Culturalmente, o Exército de Terracota representa uma mudança no conceito de governo na China. Qin Shi Huang não se contentou em ser lembrado como um mero rei ou senhor da guerra. Ele procurou transcender as fronteiras do tempo, para garantir que o seu legado duraria milénios. A criação de um complexo funerário tão extraordinário e grandioso representou uma mudança fundamental na forma como os governantes chineses viam o seu lugar na história. Já não eram simplesmente seres mortais encarregados de governar por um período finito; eles eram vistos como figuras divinas e eternas cuja influência duraria por toda a eternidade.

A importância deste exército também reflecte os valores culturais do confucionismo e do legalismo que prevaleceram durante o reinado do imperador. Enquanto os estudiosos confucionistas criticavam o imperador pelo seu governo severo e pelos seus enormes projectos de construção, a doutrina legalista que sustentava o seu governo enfatizava a ordem, a disciplina e o controlo – todas características incorporadas pelo exército meticulosamente organizado de guerreiros de barro.

Além disso, o exército tornou-se um símbolo duradouro de orgulho nacional na China moderna. É um lembrete da rica herança cultural da China e das suas contribuições para a civilização mundial. A descoberta do Exército de Terracota chamou a atenção internacional para a história antiga da China, levando estudiosos e arqueólogos a reavaliar o seu papel na formação da história global. O exército tornou-se não apenas um tesouro nacional, mas também um símbolo da influência de longa data da China, um bem cultural e político que reforça o significado histórico do país.

Desde a sua descoberta em 1974 por um grupo de agricultores que escavavam um poço, o Exército de Terracota conquistou a imaginação de pessoas em todo o mundo. O que começou como um achado arqueológico local rapidamente se tornou uma das descobertas mais importantes do século XX. Desde então, o local foi nomeado Património Mundial da UNESCO, com milhões de visitantes afluindo a Xi'an todos os anos para testemunhar esta maravilha inspiradora.

A importância global do Exército de Terracota não pode ser exagerada. Oferece um raro vislumbre da vida e das crenças de uma civilização antiga, mostrando a arte, o artesanato e os avanços tecnológicos da Dinastia Qin. Para os historiadores, o exército fornece informações valiosas sobre a organização militar, o armamento e as práticas funerárias da China antiga. Para os arqueólogos, representa um mistério contínuo, à medida que novas descobertas continuam a surgir no local.

Mas, para além do interesse académico, o Exército de Terracota tocou as pessoas a um nível mais profundo e emocional. As expressões realistas nos rostos dos soldados lembram-nos que a história não é apenas uma série de acontecimentos distantes, mas uma colecção de experiências humanas. Estas estátuas, congeladas no tempo, carregam o peso dos sonhos e ambições de um antigo imperador, mas também refletem temas universais de poder, mortalidade e desejo de legado. Diante deles, não podemos deixar de nos perguntar sobre a vida dos artesãos que esculpiram esses guerreiros, dos soldados que os inspiraram e do imperador que acreditava tão profundamente em sua própria imortalidade.

Sendo um tesouro global, o Exército de Terracota transcendeu as suas origens, tornando-se um símbolo da busca da humanidade para compreender o seu passado e moldar o seu futuro. Os detalhes meticulosos de cada guerreiro, a escala do projeto e a visão por trás dele fizeram do Exército de Terracota uma pedra de toque para discussões sobre arte, história e espírito humano. Exposições dos guerreiros viajaram pelo mundo, permitindo que pessoas de todos os cantos do globo se conectassem com esta história antiga, maravilhando-se com a engenhosidade e ambição de uma das maiores civilizações da história.

O Exército de Terracota é mais do que apenas um sítio arqueológico ou um artefato histórico – é uma ponte entre o antigo e o moderno, um testemunho do legado duradouro da visão de um único imperador. Enquanto os guerreiros resistirem, eles continuarão a contar a história do reinado de Qin Shi Huang, lembrando-nos do poder da imaginação humana e até onde iremos para deixar a nossa marca no mundo.

CAPÍTULO 5

Os Soldados: Seus Papéis e Funções

Ao entrar no coração do Exército de Terracota, fica claro que esses soldados não são apenas estátuas, mas representações de uma força militar complexa e altamente organizada. Cada guerreiro, permanecendo silenciosamente em formação, é uma prova do poder e da disciplina do império de Qin Shi Huang. Dos arqueiros posicionados com precisão aos generais que exalam autoridade, cada soldado desempenha um papel específico dentro deste enorme exército, refletindo a intrincada hierarquia militar da época. Suas expressões realistas, posturas variadas e armaduras meticulosamente elaboradas sugerem que não são meras réplicas, mas sim uma extensão direta do formidável exército do imperador – uma força projetada para protegê-lo não apenas na vida, mas por toda a eternidade.

No entanto, os papéis e funções destes soldados vão além da sua aparência impressionante. Cada tipo de guerreiro dentro do exército – fossem soldados de infantaria, arqueiros ou cavaleiros – foi deliberadamente posicionado para servir a um propósito estratégico. Esses números foram cuidadosamente organizados para refletir as táticas militares que ajudaram Qin Shi Huang a unificar a China. A habilidade por trás de cada soldado reflete uma profunda compreensão do combate, da disciplina e da importância da ordem. Neste capítulo, exploraremos os distintos papéis desses soldados, investigando o significado de suas posições, suas armaduras e suas armas, e descobrindo como cada um deles era parte integrante da grande visão de proteção eterna do imperador.

Os Diferentes Tipos de Guerreiros

Imagine entrar numa vasta câmara onde milhares de sentinelas silenciosas estão em filas perfeitas, congeladas no tempo, mas irradiando um sentido palpável de dever e vigilância. Estas figuras, os soldados do Exército de Terracota, não são meras estátuas. Cada um, meticulosamente elaborado com expressões faciais, linguagem corporal e trajes únicos, representa um antigo guerreiro preparado para proteger seu imperador, Qin Shi Huang, na vida após a morte. Foram criados para o servir eternamente e, ao fazê-lo, reflectem as fileiras estruturadas de um antigo exército – um reflexo da grande força militar que outrora ajudou a unificar a China sob um único governante.

Mas quem eram esses guerreiros? Que funções eles desempenhavam e por que era tão importante que fossem tão variados em aparência e posição?

O Exército de Terracota é composto por vários tipos distintos de soldados, cada um desempenhando um papel único neste vasto batalhão de barro. Primeiro, encontramos os soldados de infantaria – a espinha dorsal de qualquer exército. Esses soldados de infantaria, posicionados nas linhas de frente, são retratados firmes e prontos para a batalha. Eles vêm em várias formas: alguns seguram lanças, outros empunham bestas, e alguns estão desarmados, talvez uma vez empunhando armas de madeira ou bronze que já apodreceram. A infantaria representa a força central das forças do imperador, um elemento crucial nas estratégias militares ofensivas e defensivas. Cada soldado de infantaria exibe uma expressão de determinação, sugerindo sua prontidão para enfrentar o desconhecido.

Atrás da infantaria, você encontrará os arqueiros. Esses soldados são retratados ajoelhados ou em pé, prontos para disparar uma saraivada de flechas. A sua colocação nas fileiras reflete o seu papel na vida real: atacar à distância, suavizando as linhas inimigas antes que a infantaria se envolva no combate corpo a corpo. Os arqueiros ajoelhados, com suas posturas robustas, sugerem prontidão para atirar a qualquer momento, enquanto os arqueiros em pé oferecem uma sensação de vigilância, seus olhos aguçados examinando o horizonte em busca de perigo. O fato de os artistas terem capturado os arqueiros no meio da ação diz muito sobre a precisão militar da época. Todo arqueiro era especialista, treinado para atacar com precisão letal.

Entre as figuras mais inspiradoras estão os cavaleiros. Esses guerreiros montam cavalos de terracota em tamanho natural, como se estivessem prontos para atacar a batalha ao comando do imperador. Seus cavalos, com rédeas e crinas finamente detalhadas, personificam a elegância e o poder dessas unidades militares vitais. A cavalaria era a força de ataque rápida do imperador, capaz de flanquear o inimigo ou perseguir os inimigos em retirada. Os cavaleiros de terracota usam capacetes e armaduras, as mãos segurando as rédeas e os rostos marcados pela determinação. Cada cavaleiro parece compartilhar uma conexão especial com seu cavalo, quase como se homem e animal fossem uma única unidade de força de batalha.

Depois vêm os oficiais e generais, que se distinguem por suas armaduras mais ornamentadas, capacetes elaborados e presença imponente. Estes números, colocados estrategicamente em todo o exército, demonstram a importância da liderança nas fileiras. Seus rostos solenes sugerem sabedoria e experiência, qualidades essenciais para guiar um grande exército.

Alguns exibem expressões de contemplação silenciosa, outros parecem exalar um ar de suprema confiança. Os generais, acima dos soldados rasos, eram responsáveis por elaborar estratégias de batalha e liderar o exército do imperador à vitória. Seu papel não era apenas de força bruta, mas também de intelecto aguçado e pensamento estratégico.

Juntos, esses soldados formam uma força militar complexa e em camadas, cada figura cuidadosamente projetada para representar uma função específica dentro da grande visão do imperador de proteção à vida após a morte. Cada guerreiro, desde o soldado de infantaria mais baixo até o general de mais alta patente, tinha um propósito, e sua força combinada tinha como objetivo garantir que o reinado de Qin Shi Huang se estendesse além da morte.

Armas e Armaduras

Os soldados não estavam apenas posicionados em formações de batalha – eles estavam armados até os dentes. Os guerreiros de terracota, por mais detalhados que sejam, não estariam completos sem suas armas, e aqui o artesanato brilha tão intensamente quanto nas próprias figuras.

As armas encontradas na tumba não eram apenas cerimoniais. Eram instrumentos reais, prontos para a batalha, feitos de bronze, e muitos permaneceram surpreendentemente bem preservados, um testemunho das técnicas avançadas de metalurgia da China antiga. Espadas, lanças e bestas de bronze – ferramentas projetadas para perfurar armaduras e pele – faziam parte do arsenal. A nitidez destas armas, mesmo depois de mais de dois milénios, demonstra o domínio chinês na fabricação de armas e a sua atenção aos detalhes na preparação para a batalha, seja na vida ou na vida após a morte.

Cada soldado, dependendo de sua posição e função, estava equipado com equipamentos específicos. Os soldados de infantaria portavam lanças e espadas curtas, ideais para combate corpo a corpo. Alguns dos soldados também carregavam lanças longas, sugerindo que estavam prontos para se defenderem contra ataques montados. Os arqueiros, por sua vez, estavam armados com bestas, uma maravilha tecnológica de sua época, capazes de disparar flechas com precisão mortal a longas distâncias. O mecanismo de besta, projetado para disparar flechas com força significativa, foi um fator chave no domínio militar das forças de Qin Shi Huang.

Os cavaleiros, montados em seus cavalos de terracota realistas, costumavam estar armados com longas espadas ou lanças, projetadas para atacar e atacar as fileiras inimigas. Seu papel como atacantes velozes exigia armas duráveis e versáteis, capazes de suportar a velocidade e a intensidade do combate de cavalaria.

A armadura era igualmente importante, protegendo estes soldados dos ataques das forças inimigas. As figuras de terracota foram representadas usando armaduras leves ou pesadas, dependendo de sua função. Os soldados de infantaria usavam placas protetoras cobrindo seus torsos, enquanto os generais e oficiais vestiam armaduras mais elaboradas e extensas, simbolizando seu status mais elevado e a necessidade de proteção extra em posições de comando. A armadura foi criada com um equilíbrio cuidadoso entre mobilidade e defesa, permitindo que os soldados se movessem rapidamente na batalha enquanto ainda estavam protegidos dos ataques inimigos.

A atenção aos detalhes da armadura era meticulosa, até os intrincados padrões e desenhos que adornavam as placas. Esses desenhos não eram meramente decorativos – eles simbolizavam posição, status e função. Num exército onde cada guerreiro tinha um papel específico, até a sua armadura transmitia o seu lugar na hierarquia.

O Exército de Terracota não é apenas um artefato histórico; é uma obra-prima de arte e artesanato antigos. Cada soldado, cavalo e arma é o resultado de um meticuloso processo criativo, que envolveu milhares de artesãos e artesãos trabalhando sob o comando do imperador.

O nível de detalhe individual em cada figura é extraordinário. Não existem dois soldados exatamente iguais – um feito considerando o grande número de guerreiros descobertos. As características faciais de cada soldado são únicas, sugerindo que os artesãos podem ter sido inspirados por soldados reais que serviram no exército de Qin Shi Huang. Algumas figuras têm maçãs do rosto salientes e olhos estreitos, outras têm rostos mais redondos e lábios mais carnudos. A individualidade de cada rosto sugere um esforço artístico para retratar não apenas um exército, mas a humanidade dentro dele.

Até os mínimos detalhes – como as dobras das vestes de um soldado ou os nós da armadura – foram trabalhados com imensa precisão. As mãos dos arqueiros são cuidadosamente esculpidas para mostrar a tensão de puxar a corda do arco. Os músculos dos cavalos ondulam sob a pele de argila, capturando a força bruta destes animais enquanto se preparam para a batalha. Estes não são números estáticos; eles são dinâmicos, presos no meio da ação, suas formas imbuídas de vida e movimento.

O processo de criação destas figuras envolveu uma técnica inovadora de linha de montagem, onde diferentes artesãos se especializaram em diferentes partes da figura. Cabeças, torsos, membros e mãos foram criados separadamente e depois montados, permitindo um certo grau de produção em massa, mantendo a singularidade individual. Este método permitiu a rápida criação de milhares de figuras, preservando ao mesmo tempo o alto nível de arte que torna o Exército de Terracota tão notável.

Mas a arte não parou na escultura. As figuras foram originalmente pintadas em cores vibrantes, embora grande parte da tinta tenha desbotado com o tempo. Vestígios de pigmentos encontrados nas estátuas revelam que os soldados já usaram túnicas de cores vivas, com detalhes como pelos faciais e olhos cuidadosamente pintados para dar ainda mais vida às figuras. Esse uso da cor teria tornado o exército ainda mais impressionante, criando uma cena vívida e realista de guerreiros preparados para a batalha.

O Papel de Cada Soldado no Exército

Os soldados do Exército de Terracota eram mais do que apenas uma representação do poderio militar de Qin Shi Huang – eles faziam parte de uma narrativa mais ampla sobre lealdade, dever e serviço eterno. Em vida, o exército do imperador lutou para unir a China, criando as bases para um dos impérios mais poderosos da história. Na morte, esses soldados foram encarregados de protegê-lo, garantindo que seu governo se estendesse à vida após a morte.

Cada soldado tinha um papel específico a desempenhar, tanto na estrutura do exército como na narrativa da vida após a morte. Os soldados de infantaria, posicionados na frente das formações, representavam a primeira linha de defesa do imperador, prontos para enfrentar qualquer ameaça de frente. Atrás deles, os arqueiros forneciam cobertura, com suas bestas preparadas para abater inimigos à distância. A cavalaria, rápida e decisiva, estava preparada para superar os inimigos do imperador, enquanto os generais e oficiais guiavam as tropas com sabedoria e estratégia.

Num sentido mais amplo, o Exército de Terracota era um símbolo da visão de imortalidade do imperador. Qin Shi Huang acreditava que, ao replicar seu exército em argila, ele poderia recriar o poder que detinha em vida e carregá-lo consigo para a vida após a morte.

Cada soldado, no seu papel preciso, foi um testemunho desta visão – uma visão de poder inabalável, lealdade eterna e uma transição perfeita da vida para a morte.

Este grande projecto, que se estende por décadas e envolve um número incontável de artesãos e trabalhadores, não se tratava apenas da protecção física do túmulo de um imperador. Tratava-se de garantir que o legado do imperador duraria por toda a eternidade. Cada soldado, cavalo e carruagem de terracota serviam como um lembrete de que o reinado do imperador, embora tivesse terminado no mundo mortal, persistiria para sempre na vida após a morte. Cada soldado desempenhou um papel nesta grande orquestração de poder e os seus papéis individuais foram essenciais para manter a integridade da visão do imperador.

O **infantaria,** como a maior parte do exército, simbolizava a força numérica, assim como fizeram em vida quando dominaram os inimigos com pura força. O seu posicionamento nas linhas da frente era estratégico – foram os primeiros a enfrentar o inimigo, tal como teriam sido em vida, e deveriam formar um escudo impenetrável em torno do seu imperador na vida após a morte. Sua postura firme e expressões alertas demonstram sua prontidão, mesmo no silêncio da tumba, para proteger seu líder a qualquer custo.

O **arqueiros**, com suas armas especializadas, representavam precisão e habilidade. Na batalha, eles eram os soldados que podiam atacar à distância, mirando nos inimigos antes que eles pudessem chegar muito perto. Este elemento do exército foi crucial não apenas para o ataque, mas também para a defesa, criando uma zona tampão que protegia o resto das tropas. Na vida após a morte, seu papel não era menos vital: eles estavam preparados para defender o imperador de perigos invisíveis, com olhos aguçados sempre vigilantes.

O **cavalaria,** retratados no meio do galope ou segurando as rédeas de seus cavalos, personificavam velocidade e agilidade. Em vida, as unidades de cavalaria eram as forças de elite, muitas vezes usadas para flanquear o inimigo ou perseguir adversários em fuga. Sua capacidade de se mover rapidamente pelo campo de batalha tornou-os um componente crítico de qualquer campanha militar bem-sucedida. Na vida após a morte, eles mantiveram esse papel, prontos para cavalgar para a batalha a qualquer momento, com seus cavalos tão alertas e poderosos quanto os guerreiros que os montavam.

Finalmente, o **oficiais e generais** desempenhou os principais papéis de liderança e estratégia. Eles não eram apenas guerreiros; eles eram pensadores, planejadores e comandantes que conquistaram seu posto através de anos de experiência e sucesso comprovado em batalha. A sua presença no Exército de Terracota significa a importância da ordem e da disciplina, mesmo na vida após a morte. Sem liderança, um exército nada mais é do que uma multidão desorganizada. Esses generais garantiram que as forças do imperador permanecessem coesas, unificadas e capazes de defendê-lo de qualquer ameaça, não importando quão longa fosse a jornada pela vida após a morte.

Cada patente, cada soldado, não era apenas um pedaço de barro – eles eram um pedaço da alma do imperador, um fragmento de seu poder que ele acreditava que o protegeria por toda a eternidade. E embora tenham sido criados para um propósito específico, os seus papéis transcenderam a sua função original. Hoje, eles são símbolos da ambição de um império, do seu poderio militar e da crença do imperador na imortalidade. Lembram-nos que, na China antiga, o poder não consistia apenas em governar a terra – tratava-se de governar a vida após a morte.

Estes soldados, embora há muito silenciados, continuam a falar-nos através dos tempos. Suas formas cuidadosamente elaboradas contam histórias de uma época em que os imperadores procuravam controlar não apenas a vida, mas a própria morte. Suas armas, embora enferrujadas, ainda refletem o brilho da antiga metalurgia chinesa. Seus rostos, cada um único, nos lembram dos indivíduos que constituíram essa força incrível – pessoas reais, guerreiros reais, agora imortalizados em argila.

Ao olharmos hoje para o Exército de Terracota, vemos mais do que apenas estátuas. Vemos um mundo antigo trazido à vida através da arte e do trabalho artesanal de inúmeros artesãos. Vemos o sonho de um imperador de poder eterno, manifestado na forma de um exército que está pronto para servi-lo para sempre. E em cada figura, do soldado de infantaria ao general, vemos o legado duradouro de uma época em que a fronteira entre a vida e a morte não era apenas uma transição, mas uma continuação do reinado de um governante.

Desta forma, os soldados de terracota, nos seus papéis e funções, não só protegeram o seu imperador – eles garantiram que o seu nome, a sua visão e o seu império seriam lembrados durante os milénios vindouros.

CAPÍTULO 6

As Carruagens e Cavalos do Exército de Terracota

A visão de fileiras e mais fileiras de soldados de terracota é suficiente para deixar qualquer visitante maravilhado, mas entre esses guerreiros estão talvez as figuras mais majestosas de todas: os cavalos e as carruagens. Esses animais em tamanho natural, equilibrados e com uma sensação de prontidão e força, amplificam a grandeza do exército que acompanham. Criadas com um nível de detalhe surpreendente, desde a musculatura dos cavalos até às complexidades da estrutura das carruagens, estas figuras refletem a arte meticulosa dos artesãos do reinado de Qin Shi Huang. Os cavalos parecem alertas, com os olhos arregalados e as orelhas em pé, como se aguardassem o comando para atacar a batalha. As carruagens, algumas ainda em condições notáveis, representam o auge da antiga engenharia chinesa, mostrando tanto o poderio militar como o domínio do imperador sobre o seu vasto império. Estas criações simbolizam não só o poder físico que Qin Shi Huang exerceu durante a sua vida, mas também a sua visão estratégica – que se estendeu para além do reino terrestre e para a vida após a morte.

Mais do que apenas objetos, esses cavalos e carruagens são a personificação da ambição duradoura e da visão de governo eterno de Qin Shi Huang. Na sua busca pela imortalidade, o imperador imaginou a sua vida após a morte como uma continuação do seu domínio imperial na Terra, e a presença destes carros e cavalos enfatiza a escala da sua autoridade. Não eram meros símbolos de transporte ou de guerra; eles eram uma extensão de seu reinado, destinados a garantir sua supremacia mesmo na morte. A precisão e o cuidado tomados para recriar tais figuras realistas também demonstram a insistência do imperador na perfeição e no controle – características que definiram seu governo. Essas figuras majestosas, silenciosas entre os soldados de terracota, servem como um poderoso lembrete do desejo de imortalidade do imperador, de sua compreensão do poder militar e de até onde ele estava disposto a ir para garantir seu legado, não apenas neste mundo, mas também no mundo. o mundo além.

A Arte de Criar o Cavalo

O artesanato por trás dos cavalos de terracota é extraordinário. Em tamanho natural, estas figuras equinas foram modeladas a partir de cavalos reais que outrora galoparam pelas vastas planícies da China, transportando soldados para a batalha e puxando carruagens através de procissões imperiais. Os escultores da época foram encarregados de capturar cada detalhe, desde os músculos ondulantes sob a pele até o alargamento das narinas. Cada cavalo era uma prova da profunda compreensão dos artesãos sobre anatomia e movimento.

Esses cavalos não eram cópias idênticas; assim como os soldados, cada um foi criado com pequenas variações de postura, expressão facial e detalhes. Alguns cavalos são altos e orgulhosos, com a cabeça erguida, enquanto outros parecem estar no meio do trote, com os cascos levantados. A variação dá-lhes vida, tornando fácil imaginá-los em movimento, galopando num campo de batalha ou trotando para a vida após a morte com o seu mestre imperial.

Um dos aspectos mais notáveis dessas criações é como elas combinam arte com utilidade. Estas não eram apenas figuras cerimoniais, mas representações de verdadeiros cavalos de guerra – animais que desempenharam um papel fundamental nas conquistas de Qin Shi Huang. Os artesãos do imperador conheciam bem o simbolismo associado aos cavalos na cultura chinesa. Eles eram vistos como criaturas de força, velocidade e resistência e, ao colocá-los ao lado de seu exército, o imperador garantiu que seu poder estaria bem protegido nesta vida e na próxima.

Imagine, por um momento, o processo de confecção desses cavalos. Numa época sem a maquinaria e a tecnologia que hoje consideramos naturais, artesãos qualificados moldaram cada figura à mão. Camadas e mais camadas de argila foram moldadas e alisadas, enquanto detalhes intrincados, como a crina e a cauda do cavalo, foram gravados com ferramentas. O processo teria sido demorado e a pressão para alcançar a perfeição seria imensa. Estas não eram obras de arte comuns; eram criações destinadas a servir o primeiro imperador da China na vida após a morte – um homem cuja ambição era tão vasta quanto o seu império. Para Qin Shi Huang, nada menos que o melhor seria suficiente.

A Funcionalidade das Carruagens na Batalha

Se os cavalos eram símbolos de força e resistência, as carruagens eram os veículos que transportavam o poder do imperador através do campo de batalha. Para compreender o significado destes carros no mausoléu de Qin Shi Huang, devemos primeiro compreender a sua importância na antiga guerra chinesa.

Durante o período dos Reinos Combatentes, quando Qin Shi Huang subiu ao poder, as bigas eram um componente-chave da estratégia militar. Eles forneceram uma plataforma para arqueiros e lanceiros, permitindo-lhes enfrentar os inimigos de um ponto de vista mais elevado, mantendo a velocidade e a mobilidade. A combinação da velocidade puxada por cavalos e a vantagem de altura fizeram das bigas uma arma devastadora no campo de batalha.

As carruagens de terracota encontradas no túmulo do imperador refletem este papel vital. Modelados com detalhes incríveis, foram construídos com precisão, evidenciando a complexa engenharia da época. Cada carruagem foi construída com uma estrutura de madeira, reforçada com acessórios de metal e rodas projetadas para maior manobrabilidade. Os cavalos que puxavam essas carruagens estavam preparados como se estivessem prontos para atacar, os corpos cheios de energia, os olhos arregalados de propósito.

Na batalha, essas carruagens poderiam mudar o rumo de um confronto. Um arqueiro estacionado em uma carruagem poderia lançar flechas sobre as tropas inimigas à distância, enquanto os lanceiros poderiam afastar atacantes de curto alcance. A própria carruagem, robusta e rápida, permitiu aos soldados cobrir rapidamente grandes distâncias, reposicionando-se conforme a batalha exigia. Foi uma ferramenta de guerra, sim, mas também uma representação de brilhantismo tático.

As campanhas militares de Qin Shi Huang dependiam fortemente do uso de bigas, e não é surpresa que elas aparecessem com destaque em seu mausoléu. Essas carruagens não eram apenas símbolos de suas vitórias terrenas, mas também de sua esperança de domínio contínuo na vida após a morte. No grande esquema da visão do imperador, estas carruagens, juntamente com os soldados e cavalos, eram uma parte vital do seu exército eterno.

Imagine o som daquelas carruagens trovejando pelas planícies, o barulho das rodas e dos cascos fundindo-se com os gritos de guerra dos soldados. É fácil ver por que Qin Shi Huang, um governante obcecado tanto pelo poder militar quanto pela imortalidade, iria querer essas ferramentas poderosas ao seu lado por toda a eternidade.

Simbolismo e Status

Cavalos e carruagens não eram apenas funcionais na China antiga – eram símbolos de status, poder e riqueza. A presença dessas figuras na tumba de Qin Shi Huang fala mais do que apenas proezas militares; fala do desejo do imperador de projetar seu domínio em todos os aspectos da vida, mesmo na morte

Na cultura chinesa, os cavalos são reverenciados há muito tempo como criaturas nobres, representando lealdade, liberdade e velocidade. Eram bens valiosos, muitas vezes dados como presentes a imperadores e funcionários de alto escalão. Quanto mais cavalos alguém possuísse, maior seria seu status. Ao incluir cavalos em tamanho real em seu mausoléu, Qin Shi Huang estava afirmando seu lugar não apenas como líder militar, mas como governante de status incomparável.

As carruagens também tinham um peso simbólico significativo. Na época do imperador, eles não eram usados apenas para a guerra, mas também para fins cerimoniais. As carruagens costumavam fazer parte de grandes procissões, exibindo a riqueza e o poder do imperador ao seu povo. As carruagens de terracota no mausoléu, portanto, não eram apenas ferramentas para a batalha na vida após a morte, mas representações da grandeza e majestade do imperador. Eles eram uma forma de ele lembrar ao mundo – mesmo na morte – sua autoridade suprema.

O simbolismo vai ainda mais longe. O posicionamento dos cavalos e das carruagens no mausoléu sugere um significado mais profundo. Essas figuras foram colocadas estrategicamente, com as carruagens liderando o ataque e os cavalos preparados para a ação, prontos para transportar o imperador para a vida após a morte. Era como se Qin Shi Huang estivesse se preparando para uma batalha final e eterna – uma batalha não por território ou poder na Terra, mas pela supremacia na vida após a morte.

De certo modo, os cavalos e as carruagens representam a ambição inabalável do imperador. São um lembrete de que Qin Shi Huang não estava satisfeito em governar uma China unificada; ele procurou controlar as próprias forças da vida e da morte. A grandeza destas figuras serve como um testemunho da sua crença na sua própria imortalidade, do seu desejo de ser lembrado como o maior governante da história.

O Papel da Cavalaria na Visão do Imperador

A visão de Qin Shi Huang de um império eterno foi construída sobre os fundamentos da força militar. Em vida, ele confiou no seu exército para conquistar e unificar a China e, na morte, pretendia trazer esse exército consigo. A inclusão da cavalaria no seu exército de terracota não foi acidental – foi um reflexo deliberado do papel crítico que as tropas montadas desempenharam na sua estratégia militar.

A cavalaria, que incluía soldados montados a cavalo e cocheiros, foi essencial nas campanhas de Qin Shi Huang. As tropas montadas forneciam a velocidade e a mobilidade necessárias para superar os inimigos, enquanto as bigas ofereciam uma plataforma móvel para lançar ataques. A combinação destas duas forças deu ao imperador uma vantagem tática que o ajudou a garantir vitória após vitória.

No mausoléu, a cavalaria é um símbolo do gênio militar de Qin Shi Huang. Os cavalos, preparados e preparados, são mais do que apenas um meio de transporte para os soldados – são componentes integrantes da força de combate do imperador. Essas tropas montadas eram a elite da elite, os guerreiros que podiam causar medo nos corações dos inimigos com sua velocidade, precisão e poder.

O papel da cavalaria na visão do imperador para a vida após a morte é claro: eles eram a sua vanguarda, a força que o protegeria no próximo mundo, tal como fizeram neste. Ao incluir a cavalaria em seu exército de terracota, Qin Shi Huang estava garantindo que teria a mobilidade e a força necessárias para manter seu governo além do túmulo.

Mas, para além do seu papel prático, os cavalos e carros no mausoléu também reflectem a visão mais ampla do imperador sobre o seu império. Qin Shi Huang se via como o governante eterno, um homem destinado a conquistar não apenas o mundo mortal, mas também o reino espiritual. Seu exército de terracota, com seus cavalos e bigas liderando o ataque,

foi uma manifestação dessa visão – uma visão de um
império que duraria para sempre.

CAPÍTULO 7

Os Esforços de Preservação e Restauração

O Exército de Terracota, uma obra-prima da engenhosidade humana, não é apenas uma relíquia do passado; é um testemunho vivo do poder duradouro da história. Mais de dois milênios desde a sua criação, esses guerreiros silenciosos ainda cativam o mundo com suas expressões estóicas, habilidade artesanal complexa e magnitude absoluta. No entanto, a sua presença contínua é nada menos que um milagre. Quando o Exército de Terracota foi desenterrado pela primeira vez em 1974, muitas das estátuas já haviam sofrido danos significativos devido à exposição, saques e deterioração natural ao longo do tempo. Seus pigmentos, que antes lhes davam vida em vermelhos, verdes e roxos vibrantes, desvaneciam rapidamente ao entrar em contato com o ar. A natureza delicada destas figuras colocou imensos desafios aos arqueólogos e conservadores encarregados da sua preservação. No entanto, a história da sobrevivência do Exército de Terracota é também a história da persistência e engenhosidade humana – tão monumental como a sua criação original.

Nas últimas décadas, os esforços de preservação evoluíram para uma colaboração global envolvendo tecnologia de ponta e conhecimento compartilhado. Especialistas da China e de todo o mundo trabalharam juntos para desenvolver técnicas inovadoras, como digitalização 3D e métodos de restauração que respeitam o artesanato original dos guerreiros, protegendo ao mesmo tempo a sua integridade. Além disso, as equipas internacionais concentraram-se na prevenção de maiores danos, controlando as condições ambientais nos locais de escavação, como a humidade e a temperatura. Talvez o mais impressionante seja a investigação em curso para recriar as cores vivas que outrora adornavam estes soldados, à medida que os cientistas procuram restaurar não apenas a forma, mas a vida que outrora animou estas figuras. A determinação em preservar esta conquista monumental fala do respeito universal pelo património cultural e da responsabilidade partilhada de garantir que as lições da história não sejam esquecidas.

Desafios de Tempo e Exposição

No momento em que o Exército de Terracota foi descoberto, enfrentou um novo tipo de batalha – contra as próprias forças da natureza que o preservaram durante mais de dois milénios. Os guerreiros, originalmente escondidos sob camadas de terra, nunca foram feitos para ver a luz do dia da maneira que viram. Expostos ao ar, à umidade e até mesmo ao toque humano, os soldados começaram a deteriorar-se quase imediatamente após a escavação.

Um dos maiores desafios é a fragilidade da pintura que adornava muitos dos soldados. Quando descobertos, alguns dos guerreiros ainda apresentavam vestígios de pigmentos brilhantes – tons de vermelho, azul, verde e roxo – que os deram vida. No entanto, poucos minutos após a exposição ao ar, essas cores começaram a desbotar e descascar. A laca usada para fixar a tinta à terracota encolheria e enrolaria, fazendo com que as tonalidades preciosas se desintegrassem diante dos olhos dos arqueólogos. Era como se os soldados estivessem recuando para as sombras do tempo, seus detalhes vibrantes desaparecendo tão rapidamente quanto foram revelados.

Outro desafio premente foram os danos estruturais que os soldados sofreram ao longo dos séculos. Muitos dos guerreiros foram encontrados em pedaços – braços separados, cabeças separadas dos corpos e torsos quebrados. Os cofres subterrâneos, que abrigavam o exército, não estavam imunes a desastres naturais como inundações, terremotos e pressão do solo. Com o tempo, essas forças causaram rachaduras, colapsos e deslocamentos no solo, deixando um quebra-cabeça de fragmentos de terracota para arqueólogos e restauradores montarem.

Mas talvez a ameaça mais insidiosa tenha vindo dos microorganismos. Bactérias e fungos, que prosperam nas condições úmidas e escuras das câmaras subterrâneas, começaram a se alimentar da terracota, corroendo lentamente as superfícies dos soldados. O delicado equilíbrio entre preservar a integridade do exército e protegê-lo de uma maior decadência tornou-se uma luta contínua.

Técnicas Modernas de Preservação

Confrontados com estes imensos desafios, os preservacionistas recorreram à ciência moderna em busca de respostas. O objetivo não era apenas parar a deterioração, mas trazer o Exército de Terracota o mais próximo possível do seu estado original. Um equilíbrio delicado teve que ser mantido – usando a tecnologia sem ofuscar o trabalho artesanal dos artistas originais.

Um dos avanços mais significativos ocorreu no domínio da preservação de tintas. Quando os investigadores perceberam que os métodos tradicionais de preservação estavam a causar mais danos do que benefícios, começaram a explorar soluções inovadoras. Produtos químicos especiais foram desenvolvidos para selar a tinta frágil antes da exposição ao ar. Esses produtos químicos, aplicados em microcamadas, funcionavam como uma barreira protetora, permitindo aos arqueólogos manusear as peças sem medo de perder as cores vivas que davam aos soldados sua aparência natural. Por exemplo, foi utilizado um método conhecido como "impregnação de PEG", onde foi aplicado polietilenoglicol nas superfícies pintadas, estabilizando os pigmentos sem alterar sua composição natural.

Outro avanço foi o uso de tecnologias de digitalização e modelagem 3D. Antes de manusear ou restaurar qualquer fragmento de um soldado, os pesquisadores criavam um modelo digital da peça usando scanners de alta resolução. Isso lhes permitiu estudar cada rachadura, quebra e peça faltante em detalhes meticulosos. Com esses modelos digitais, os restauradores poderiam simular como as diferentes partes de um soldado se encaixariam, reduzindo o risco de danificar peças frágeis durante o processo de restauração física. Essa tecnologia também se mostrou inestimável na remontagem de carruagens e cavalos, cujas peças mais complexas exigiam uma precisão impossível de ser obtida apenas manualmente.

Espaços de armazenamento e exposição climatizados também foram essenciais para a preservação dos soldados. Estojos especiais foram projetados para manter níveis constantes de umidade e temperatura, imitando as condições das câmaras subterrâneas onde o exército permaneceu durante séculos. Ao controlar estas variáveis, os restauradores poderiam retardar os efeitos do tempo, permitindo que os soldados ficassem em exibição sem correr o risco de maior degradação.

Os esforços de restauração não são um empreendimento único; são projetos em andamento que requerem atenção constante. À medida que novas tecnologias surgem e mais partes do mausoléu são descobertas, equipes de especialistas continuam a refinar e melhorar seus métodos.

Um dos projetos de restauração mais ambiciosos foi a remontagem dos guerreiros destroçados. Quando o exército foi descoberto pela primeira vez, muitos dos soldados foram encontrados em pedaços, espalhados pelos cofres. Foram necessários anos de trabalho árduo para reunir milhares de fragmentos. Equipes de restauradores trabalhariam como detetives, examinando cada pedaço de terracota em busca de pistas sobre onde ele poderia pertencer. Alguns soldados foram reconstruídos com quase 50 peças diferentes. O processo exigiu não apenas habilidade técnica, mas também paciência e uma intuição quase artística.

Em alguns casos, o processo de restauração levou a descobertas surpreendentes. Enquanto os restauradores trabalhavam para remontar um soldado em particular, encontraram uma pequena cavidade dentro de seu torso. Uma investigação mais aprofundada revelou que se tratava de um compartimento escondido, provavelmente destinado a conter algum tipo de oferenda ou relíquia, embora o conteúdo já tivesse desaparecido há muito tempo. Este tipo de descobertas continua a lançar nova luz sobre os rituais e crenças da Dinastia Qin, acrescentando profundidade à nossa compreensão do propósito do exército.

Outro projeto em andamento envolve a escavação de novas seções do mausoléu. Embora o Exército de Terracota seja sem dúvida a parte mais famosa da tumba de Qin Shi Huang, todo o complexo é vasto e praticamente inexplorado. Os arqueólogos acreditam que ainda existem milhares de guerreiros, carruagens e cavalos à espera de serem descobertos, cada um apresentando novos desafios em termos de preservação. A escavação destas novas áreas é um processo lento e cuidadoso, com equipes trabalhando sob protocolos rígidos para garantir que nenhum dano seja causado aos frágeis artefatos.

Os restauradores também continuam trabalhando na preservação das armas que foram enterradas com os soldados. Muitos dos guerreiros originalmente seguravam espadas, lanças e bestas de bronze, todas as quais sofreram corrosão ao longo do tempo. Tratamentos especializados, incluindo métodos eletroquímicos, são usados para remover a ferrugem e restaurar o brilho dessas armas antigas. Em alguns casos, estão a ser testados novos métodos para replicar as antigas técnicas utilizadas para forjar estas armas, permitindo aos investigadores compreender o trabalho artesanal necessário para equipar o exército do imperador.

Contribuições Globais Para a Preservação

A preservação e restauração do Exército de Terracota não é apenas um esforço chinês – é um projecto global que atraiu conhecimentos e recursos de todo o mundo. Equipas internacionais de arqueólogos, químicos, engenheiros e historiadores de arte têm colaborado com estudiosos chineses para enfrentar os imensos desafios colocados pela escavação e preservação desta descoberta monumental.

Uma das contribuições globais mais significativas veio da Alemanha, onde uma equipe de cientistas desenvolveu uma técnica para preservar a pintura dos soldados de terracota. Usando uma mistura de nanopartículas, os pesquisadores alemães conseguiram criar um revestimento que evitava que a tinta descascasse quando exposta ao ar. Esta colaboração entre especialistas chineses e alemães marcou um ponto de viragem nos esforços de preservação, permitindo que futuras escavações prosseguissem sem receio de perder detalhes insubstituíveis.

A Itália, conhecida pela sua rica história de preservação de arte e monumentos antigos, também desempenhou um papel fundamental. Os conservadores italianos partilharam a sua experiência na restauração de estátuas e frescos, fornecendo informações valiosas sobre como lidar com as superfícies frágeis dos guerreiros de terracota. A sua experiência em lidar com restaurações complexas – como a preservação das antigas ruínas de Pompeia – revelou-se inestimável no desenvolvimento de novas técnicas para remontar e estabilizar os soldados.

Além do conhecimento técnico, o financiamento internacional tem sido crucial para os esforços contínuos de preservação. Organizações como a UNESCO designaram o Exército de Terracota como Património Mundial, fornecendo apoio financeiro e sensibilizando para a importância da sua preservação. Este reconhecimento global ajudou a garantir recursos para investigação e restauração contínuas, garantindo que o Exército de Terracota continue a fazer parte do património cultural partilhado da humanidade.

Finalmente, as exposições internacionais têm desempenhado um papel fundamental na sensibilização global sobre o Exército de Terracota. Ao enviar alguns dos soldados em viagens por todo o mundo, a China não só partilhou o seu tesouro cultural com milhões de pessoas, mas também gerou fundos para esforços contínuos de preservação. Estas exposições promoveram uma apreciação mais profunda da importância do Exército de Terracota e da necessidade de protegê-lo para as gerações futuras.

CAPÍTULO 8

Experiências e Histórias dos Visitantes

À medida que os visitantes entram nos vastos salões do Exército de Terracota, são recebidos não apenas por um sítio arqueológico notável, mas por uma poderosa ligação ao passado antigo. Cada figura, meticulosamente elaborada há mais de dois milênios, permanece como uma sentinela da história, convidando os visitantes a explorar a vida, a cultura e as ambições do primeiro imperador da China, Qin Shi Huang. A experiência é transformadora; os turistas encontram-se imersos numa atmosfera onde ressoam os ecos do passado, despertando um sentimento de admiração e reverência. Caminhando entre os guerreiros, quase se pode sentir o peso da história, como se o próprio chão estivesse repleto de histórias à espera de serem descobertas.

Neste capítulo, nos aprofundamos nas experiências e histórias únicas compartilhadas por aqueles que viajaram para este local icônico. Desde o momento inspirador de testemunhar os soldados subindo da terra até as reflexões íntimas provocadas por essas figuras antigas, os visitantes saem com lembranças que perduram por muito tempo depois de voltarem para casa. Os seus encontros variam desde revelações emocionais a coincidências extravagantes, ilustrando como o Exército de Terracota serve como uma ponte que liga indivíduos através de culturas e gerações. À medida que exploramos estas histórias, descobrimos não apenas o impacto do Exército de Terracota no turismo, mas também a sua profunda capacidade de inspirar a reflexão sobre o legado, a mortalidade e o espírito humano duradouro.

A Viagem Turística: Caminhando Entre os Guerreiros

Imagine entrar em um vasto cofre subterrâneo, com fileiras e mais fileiras de guerreiros em tamanho natural olhando estoicamente para frente, com expressões congeladas no tempo. Você quase pode ouvir os ecos dos passos em marcha, sentir o zumbido silencioso da disciplina militar e sentir o peso da história que o cerca. Para os visitantes do local do Exército de Terracota, esta experiência é como entrar em um mundo antigo, uma conexão tangível com um passado distante.

O primeiro vislumbre do Exército de Terracota é de tirar o fôlego. Ao caminhar em direção aos poços de escavação, você é saudado por imponentes estátuas de soldados, cada uma elaborada com expressões, estilos de cabelo e posturas individuais. A enormidade do site impressiona você antes de mais nada. Milhares de guerreiros se estendem diante de você em formações organizadas, como se ainda guardassem o túmulo de Qin Shi Huang, o primeiro imperador da China.

Para muitos, o momento é profundamente humilhante. Ficando cara a cara com essas sentinelas silenciosas, os visitantes muitas vezes descrevem a sensação de terem sido transportados de volta à antiga dinastia Qin. Os guerreiros parecem vivos em seu realismo, como se esperassem a ordem de marchar. É um contraste impressionante entre a vida e a morte: estas figuras de terracota, criadas há mais de dois mil anos, constituem um monumento à ambição e à criatividade humanas.

A experiência é envolvente, desde o minuto em que você entra no complexo do museu até o momento em que sai, as mentes se emocionam com a grandeza histórica e artística. Os visitantes percorrem vários poços onde as escavações em curso ainda revelam novas descobertas, criando uma narrativa dinâmica e em constante evolução. Há uma sensação de exploração, com cada visitante sentindo que está testemunhando uma conexão viva com a história. Os artefatos são cercados por um cuidadoso equilíbrio entre esforços de preservação modernos e artesanato antigo, uma combinação que oferece uma viagem única no tempo.

A escala do site é algo que muitas vezes as palavras não conseguem captar. Os visitantes ficam maravilhados não apenas com o tamanho físico do exército - estimado em mais de 8.000 figuras - mas também com os detalhes meticulosos de cada soldado. Os guerreiros, desde soldados de infantaria a arqueiros e condutores de bigas, estão em formações distintas, refletindo a estrutura da vida real do exército de Qin Shi Huang. É um espetáculo impressionante e, à medida que os visitantes caminham pelos caminhos elevados que rodeiam os poços, têm a rara oportunidade de contemplar esta grande força militar em toda a sua glória preservada.

Histórias e Encontros Únicos

Ao longo dos anos, muitos visitantes compartilharam experiências únicas, quase místicas, ao visitarem o Exército de Terracota. Alguns descrevem uma conexão profunda, quase espiritual, com o local, como se os guerreiros estivessem cuidando deles. Para outros, é uma sensação de admiração avassaladora pela escala do projeto e pela percepção de que estão no meio de uma das maiores descobertas arqueológicas do mundo.

Uma história particularmente comovente é a de um jovem historiador italiano que, após anos estudando o Exército de Terracota em livros e documentários, finalmente teve a oportunidade de visitar o local. Ao ver os guerreiros pessoalmente, ela começou a chorar. Mais tarde, ela descreveu-o como um momento de "conhecer os seus heróis" – não os próprios guerreiros, mas os artistas e artesãos que dedicaram as suas vidas à criação destas figuras. Para ela, a viagem foi mais do que apenas uma visita a um local histórico; foi uma jornada de conexão pessoal, onde ela sentiu que poderia finalmente honrar as mãos que moldaram essas antigas obras-primas.

Outra história inesquecível é a de um soldado aposentado dos Estados Unidos que visitou o local durante um tour global por marcos da história militar. Para ele, o Exército de Terracota simbolizava a eterna vigilância dos soldados ao longo da história. Ao contemplar as vastas fileiras de guerreiros, ele refletiu sobre seu próprio tempo de serviço e a profunda camaradagem que os soldados sentem ao longo do tempo e da cultura. Mais tarde, ele descreveu a visita como um dos momentos mais emocionantes de sua vida, onde sentiu o peso das experiências compartilhadas com aqueles que serviram séculos antes.

Alguns visitantes até relatam estranhas coincidências. Uma dessas histórias vem de uma família chinesa que viajou centenas de quilômetros para visitar o exército. Enquanto olhavam para as figuras, um dos membros mais velhos da família apontou para um guerreiro cujo rosto tinha uma estranha semelhança com o de um ancestral há muito falecido. A semelhança era tão marcante que até o guia do museu comentou, levando a família a brincar que seu ancestral devia ter reencarnado como um soldado de terracota. Embora provavelmente tenha sido apenas uma coincidência, a experiência deixou a família com a sensação de ter feito uma ligação pessoal com o passado da sua nação.

Nem todas as histórias são tão místicas, mas as experiências partilhadas de admiração, reflexão e descoberta são universais. Seja uma criança olhando para os soldados com os olhos arregalados pela primeira vez ou um casal de idosos relembrando o mundo antigo, cada visitante deixa o Exército de Terracota com uma história única para contar.

O Impacto no Turismo Local e Global

A descoberta do Exército de Terracota em 1974 catapultou Xi'an, a capital da província de Shaanxi, para o cenário mundial como um destino privilegiado para turistas. O que antes era uma região relativamente desconhecida tornou-se um hotspot global, atraindo milhões de visitantes de todo o mundo.

A economia local experimentou um grande boom devido ao afluxo de turistas. Hotéis, restaurantes e lojas surgiram na região, atendendo ao fluxo constante de visitantes. A região tornou-se sinônimo do Exército de Terracota, e não é incomum ver lojas de souvenirs repletas de guerreiros, carruagens e cavalos em miniatura feitos de barro, assim como seus antigos equivalentes. Os artesãos locais encontraram novas maneiras de manter vivo o artesanato antigo, produzindo réplicas que permitem aos turistas levar um pedaço da história para casa.

Para o turismo global, o Exército de Terracota tornou-se um destino de lista de desejos, ao lado de marcos icónicos como as Pirâmides de Gizé e o Coliseu de Roma. Os viajantes são atraídos não apenas pelo significado arqueológico, mas também pela riqueza cultural do local. O exército representa mais do que apenas um antigo cemitério; é um símbolo da profundidade histórica da China e das suas contribuições para o património mundial.

O grande número de visitantes tem levado a esforços significativos na gestão do fluxo de turistas e na preservação da integridade do local. Nos últimos anos, o governo chinês implementou diversas medidas de preservação, garantindo que o exército possa ser usufruído pelas gerações futuras sem comprometer o seu valor histórico. Estas medidas incluem a limitação do número de visitantes, a construção de plataformas de visualização avançadas e o estabelecimento de protocolos rigorosos para fotografia e interação com as exposições.

Xi'an, outrora conhecida principalmente pelo seu papel como ponto de partida da antiga Rota da Seda, foi agora rebatizada como a cidade dos Guerreiros de Terracota. Atrai entusiastas da história, turistas e estudiosos de todos os cantos do mundo, tornando-se um centro de intercâmbio cultural. Museus, tanto na China como no estrangeiro, acolheram exposições itinerantes dos guerreiros, difundindo ainda mais o seu significado histórico. Estas exposições globais despertaram a curiosidade de milhões de pessoas, encorajando-as a fazer a peregrinação ao local original em Xi'an.

Reflexões e Memórias dos Visitantes

Depois que o espanto inicial diminui e os visitantes deixam os poços de escavação, muitos descrevem uma sensação profunda de conexão com a história humana. O Exército de Terracota serve como um lembrete de até onde a humanidade chegou em sua busca pela imortalidade, legado e poder. Os visitantes refletem frequentemente sobre a intemporalidade destes desejos, observando como, apesar das grandes diferenças de cultura e época, a necessidade humana de legado permanece uma constante universal.

Uma reflexão de visitante particularmente memorável veio de uma mulher sino-americana que visitou o local com seus dois filhos pequenos. Ela falou sobre a importância de conectar seus filhos com sua herança, descrevendo como ver os guerreiros pessoalmente lhes permitiu compreender as contribuições de seus ancestrais para o mundo de uma forma que os livros didáticos nunca poderiam. Ela disse: "Uma coisa é ler sobre isso na escola, mas ficar aqui, vendo esses soldados cara a cara, dá vida à história".

Para alguns, a visita suscita reflexões filosóficas mais profundas. Um viajante, após visitar o local, escreveu em um blog: "Estando entre esses guerreiros, você percebe como a vida é passageira. O imperador construiu esta grande tumba, cercou-se desses soldados incríveis para protegê-lo na morte. Mas mesmo ele, com todo o seu poder e ambição, não conseguiu escapar do tempo. E agora, séculos depois, estamos aqui, olhando para o seu exército silencioso, enquanto ele é pó. É um lembrete humilhante de nossa própria mortalidade."

Outros refletem sobre o brilho artístico das figuras, maravilhando-se com a forma como artesãos de mais de dois milénios atrás conseguiam criar esculturas tão realistas e complexas. Para muitos entusiastas da arte, ver os guerreiros de perto desperta uma apreciação renovada pelos esforços criativos das civilizações antigas. As características faciais detalhadas, as variações de armadura e postura e a cuidadosa atenção ao realismo deixam uma impressão duradoura nos visitantes.

O Exército de Terracota não deixa ninguém indiferente. Os visitantes partem não apenas com lembranças de estátuas inspiradoras, mas com um profundo respeito pelas mãos que as criaram, pelo imperador para quem foram feitas e pela antiga civilização que produziu um legado tão monumental. Os guerreiros, outrora enterrados e esquecidos, reentraram agora na consciência do mundo moderno e, para aqueles que têm a sorte de os visitar, deixam uma marca indelével no coração e na mente.

CONCLUSÃO

O Legado Duradouro

À medida que o sol nasce sobre a antiga cidade de Xi'an, lançando a sua primeira luz sobre os poços cavernosos que albergam o Exército de Terracota, não podemos deixar de sentir o peso da história. Este não é apenas um sítio arqueológico – é um testemunho vivo da ambição de um imperador que queria governar para sempre. Mais de 2.000 anos depois, o Exército de Terracota permanece como um símbolo da grandeza da China antiga e da marca indelével que Qin Shi Huang deixou no mundo.

No mundo moderno, o Exército de Terracota tornou-se mais do que apenas um símbolo do passado da China; transformou-se num tesouro cultural internacional. Turistas de todo o mundo caminham entre os guerreiros silenciosos, maravilhados com seu trabalho artesanal, sua escala e a audácia do projeto. Estas figuras, congeladas no tempo, despertaram a imaginação de estudiosos, historiadores e visitantes. As complexidades de cada soldado – expressões faciais únicas, armaduras individualizadas – continuam a ser uma fonte de fascínio, como se pudessem ganhar vida a qualquer momento e contar as histórias do seu criador.

Mas a importância do exército hoje vai além do turismo ou do interesse histórico. Serve como um lembrete de como a humanidade busca a imortalidade por meio da arte, do legado e de conquistas monumentais. O Exército de Terracota faz parte de uma conversa mais ampla sobre até onde as civilizações irão para garantir que sua memória perdure. Tornou-se um emblema não apenas da herança da China, mas do desejo humano universal de ser lembrado.

A própria China abraçou este legado nos tempos modernos. O país dedicou recursos consideráveis para preservar o local e compartilhá-lo com o mundo. Museus e exposições em todos os continentes exibiram peças selecionadas do exército, atraindo milhões de visitantes e aumentando a conscientização sobre esta maravilha antiga. O Exército de Terracota viajou pelo mundo, de Paris a Nova Iorque, convidando pessoas de todo o mundo a explorar um pedaço do passado da China. Ao fazê-lo, os guerreiros tornaram-se embaixadores culturais, representando uma história orgulhosa que remonta a mais de dois milénios.

No entanto, o exército também serve como um forte lembrete de poder e ambição. Em muitos aspectos, o Exército de Terracota reflecte a tensão entre a criação e a destruição, entre a vida e a morte. Qin Shi Huang procurou alcançar a imortalidade, não através da filosofia ou da arte, mas através da pura força de vontade. O Exército de Terracota, embora seja uma obra de beleza artística incomparável, também nasceu do intenso trabalho de milhares de trabalhadores, muitos dos quais provavelmente morreram no processo de construção. É um monumento à criatividade humana e ao lado sombrio do poder.

Hoje, o Exército de Terracota é um ponto de reflexão. Num mundo em constante mudança, lembra-nos da resistência do trabalho artesanal humano, dos sonhos de imortalidade e do custo da ambição. O exército pode estar em silêncio, mas a sua presença diz muito.

Lições da História

O Exército de Terracota, embora enraizado num momento específico da história, oferece lições que transcendem o tempo. Na sua essência, é uma história sobre legado – sobre como os indivíduos e as sociedades desejam ser lembrados. Para Qin Shi Huang, o exército era um meio de garantir que o seu reinado, o seu poder e as suas realizações seriam eternos. De certa forma, ele conseguiu: mais de 2.000 anos após a sua morte, o mundo continua a maravilhar-se com o que ele deixou para trás. Mas este legado também suscita questões mais profundas sobre a natureza do poder e o desejo de imortalidade.

Uma das lições mais claras do Exército de Terracota é a complexidade da ambição humana. Qin Shi Huang não se contentou com a unificação da China, uma conquista monumental por si só. Ele queria conquistar a morte, para garantir que seu governo se estenderia pela eternidade. Seu desejo de controle sobre a vida e a vida após a morte levou a um dos projetos mais ambiciosos da história da humanidade. A lição aqui não é apenas sobre ambição, mas sobre até onde as pessoas irão para garantir o seu lugar na história.

Contudo, o Exército de Terracota também nos ensina sobre as consequências não intencionais de tal ambição. A busca do imperador pela imortalidade exigiu imensos recursos e trabalho, e é amplamente aceito que muitos dos trabalhadores que construíram seu mausoléu foram enterrados vivos para proteger seus segredos. Este aspecto sombrio do Exército de Terracota serve como um alerta: a busca pelo poder e pelo legado pode ter um alto custo humano. A grandeza do Exército de Terracota está intimamente ligada aos sacrifícios feitos por aqueles que o criaram.

Outra lição importante é sobre a importância da memória e da preservação. O facto de o Exército de Terracota ter permanecido escondido durante mais de dois milénios é uma prova da passagem do tempo e das formas como a história pode ser perdida e redescoberta. O mundo talvez nunca tivesse conhecido o Exército de Terracota se não fosse pela descoberta casual pelos agricultores em 1974. Isto serve como um lembrete da fragilidade da história e da importância de preservar e proteger o património cultural. Se não tomarmos medidas para cuidar dos legados do passado, eles poderão perder-se para sempre.

Por último, o Exército de Terracota fala do poder duradouro da arte e do artesanato. Cada guerreiro, cavalo e carruagem foram meticulosamente trabalhados por artesãos habilidosos, refletindo a excelência artística da China antiga. A atenção aos detalhes é surpreendente – cada soldado tem rosto, postura e expressão distintos. Esta dedicação à individualidade dentro de um todo coletivo fala do valor da criatividade humana e do papel da arte na formação da história. É um lembrete de que mesmo ao serviço do poder, a arte pode transcender o seu propósito original e tornar-se algo mais – um tributo duradouro à engenhosidade humana.

Visão de Qin Shi Huang: Realizada ou Não?

A grande visão de Qin Shi Huang para a imortalidade se concretizou? A resposta a esta pergunta é complexa e paradoxal.

Em certo sentido, o sonho de Qin Shi Huang de governar para sempre não foi realizado. Ele não alcançou a imortalidade física; seu corpo foi sepultado no vasto mausoléu subterrâneo, e sua dinastia ruiu poucos anos após sua morte. A Dinastia Qin, que ele fundou, durou apenas 15 anos – muito menos do que o legado que ele esperava criar. Sua obsessão pelo controle e pela imortalidade não conseguiu evitar o inevitável: a morte veio para ele como acontece para todos os humanos.

No entanto, noutro sentido, a visão de Qin Shi Huang foi concretizada de formas que ele não poderia ter imaginado. O Exército de Terracota garantiu que seu nome e seu reinado fossem lembrados séculos depois. Embora ele não tenha alcançado a vida eterna no sentido tradicional, seu legado perdurou. Pessoas de todo o mundo conhecem o nome Qin Shi Huang, e seu Exército de Terracota é uma das descobertas arqueológicas mais famosas da história. Desta forma, ele alcançou uma forma de imortalidade – através do seu impacto na história e nas obras monumentais que deixou para trás.

Além disso, a visão de Qin Shi Huang de uma China unificada teve consequências duradouras. Embora a sua dinastia tenha durado pouco, a unificação da China sob o seu governo lançou as bases para o futuro do império chinês. A centralização do poder, a padronização de pesos, medidas e escrita, e a construção da Grande Muralha – todas estas conquistas tiveram uma influência profunda e duradoura no desenvolvimento da China. A este respeito, a visão de Qin Shi Huang de uma China forte e unificada foi de facto concretizada, mesmo que não da forma que ele poderia ter previsto.

No entanto, permanece uma ironia na busca da imortalidade de Qin Shi Huang. Embora seu legado tenha perdurado, muitas vezes é lembrado com uma mistura de admiração e ambivalência. O Exército de Terracota é um monumento à sua grandeza, mas também um lembrete do custo humano da sua ambição. Seu nome é lembrado, mas nem sempre da maneira glorificada que ele esperava. Ele é visto como um visionário e um tirano, um homem que alcançou grandes feitos, mas a um grande custo.

Em última análise, a visão de Qin Shi Huang foi realizada e não realizada. Ele não venceu a morte, mas conseguiu um lugar duradouro na história. Seu desejo de imortalidade, embora não satisfeito da maneira que pretendia, foi realizado de uma forma diferente. O Exército de Terracota, como seu legado duradouro, garante que o seu nome e a sua história continuarão a ser contados para as gerações vindouras.

Ao concluirmos a nossa viagem através da história, do significado e do legado duradouro do Exército de Terracota, torna-se claro que esta antiga maravilha é mais do que apenas uma coleção de figuras de barro. É uma janela para a mente de um homem que procurou transcender as fronteiras da vida e da morte, um reflexo da complexa interação entre poder, arte e ambição.

O Exército de Terracota é um testemunho da engenhosidade e da criatividade da China antiga, uma civilização que produziu maravilhas numa escala que continua a surpreender-nos até hoje. Lembra-nos a natureza intemporal da ambição humana – o desejo de deixar uma marca, de ser lembrado, de sobreviver às limitações da mortalidade. No entanto, também serve como um conto de advertência, lembrando-nos dos custos de tal ambição e dos sacrifícios que muitas vezes são exigidos na busca pela grandeza.

No mundo moderno, o Exército de Terracota continua a inspirar admiração, curiosidade e reflexão. Liga-nos a um passado distante, mas as suas lições são tão relevantes hoje como eram há dois milénios. Ao caminharmos entre os guerreiros silenciosos, somos lembrados do poder duradouro da história e dos legados que deixamos para trás.

No final das contas, o Exército de Terracota não é apenas um monumento de Qin Shi Huang – é um monumento para toda a humanidade. É um lembrete de que, embora não possamos alcançar a imortalidade no sentido literal, as nossas ações, as nossas criações e os nossos legados podem sobreviver muito depois de partirmos.

ANEXOS

Cronograma da Construção e Descoberta

- 246 aC: Começa a construção do mausoléu do imperador Qin Shi Huang, logo após ele ascender ao trono como rei de Qin aos 13 anos de idade. Milhares de trabalhadores são encarregados de construir a elaborada tumba e seu exército de terracota, destinado a proteger o imperador na vida após a morte.

- 221 AC: Qin Shi Huang unifica a China, tornando-se o primeiro imperador da Dinastia Qin. A construção do Exército de Terracota continua durante o seu reinado, refletindo o imenso poder e ambição do imperador.

- 210 AC: Qin Shi Huang morre e seu mausoléu, junto com o Exército de Terracota, é selado. A localização exata do túmulo do imperador permanece em segredo.

- 1974 dC: Agricultores que cavam um poço perto de Xi'an acidentalmente descobrem fragmentos dos guerreiros de terracota, levando a uma das descobertas arqueológicas mais significativas do século XX.

- 1976 dC: Começa a escavação em grande escala, revelando milhares de guerreiros, cavalos e carruagens em tamanho real, cada um com características únicas.

- 1987 dC: A UNESCO designa o Mausoléu do Primeiro Imperador Qin e o Exército de Terracota como Patrimônio Mundial, consolidando seu significado cultural global.

GLOSSÁRIO DE TERMOS

1. **Figuras Acrobatas:** Esculturas encontradas perto do local do Exército de Terracota que retratam artistas e artistas. Estes números fornecem informações sobre as práticas culturais e de entretenimento da Dinastia Qin, destacando o interesse do imperador não apenas na força militar, mas também nas artes.

2. **Vida após a morte:** Um conceito-chave em muitas culturas antigas, incluindo a China da era Qin. A vida após a morte refere-se à crença de que a vida continua de alguma forma após a morte. O Imperador Qin Shi Huang acreditava que seu poder e império se estenderiam até a vida após a morte, e é por isso que ele encarregou o Exército de Terracota de protegê-lo após a morte.

3. **Artesão:** Artesãos habilidosos que foram responsáveis pela criação dos guerreiros de terracota, suas armas, armaduras e a tumba do imperador. Esses artesãos trabalharam em equipes especializadas, cada uma focada em diferentes partes das estátuas, desde a escultura das cabeças até a confecção de armas.

4. **Armadura:** O equipamento de proteção usado pelos soldados do Exército de Terracota. Embora a armadura original fosse feita de metal ou couro, as próprias estátuas foram feitas com representações detalhadas da armadura em argila, apresentando diferentes estilos com base nas fileiras e funções dos soldados.

5. **Armamento de Bronze:** O Exército de Terracota estava equipado com várias armas de bronze, incluindo espadas, lanças e bestas. O bronze foi o principal metal usado em armas na China antiga e demonstrou técnicas metalúrgicas avançadas para a época.

6. **Cavaleiro:** Um membro da cavalaria ou soldados montados a cavalo. No Exército de Terracota, os cavaleiros são retratados segurando as rédeas e guiando seus cavalos, mostrando seu papel como soldados móveis e rápidos, capazes de flanquear os inimigos.

7. **Carruagem:** Um veículo puxado por cavalos de duas rodas usado em guerras antigas para obter velocidade, mobilidade e vantagem no campo de batalha.

8. **Besta:** Uma arma de longo alcance que foi amplamente utilizada pelo exército Qin e apareceu

entre as armas encontradas no Exército de Terracota. As bestas foram revolucionárias na antiga guerra chinesa, proporcionando maior precisão e potência em comparação com os arcos tradicionais.

9. **Adivinhação:** Prática usada na China antiga para prever o futuro ou tomar decisões importantes, muitas vezes por meio de rituais envolvendo ossos de oráculos ou outros métodos. O imperador Qin Shi Huang era conhecido por consultar adivinhos e acreditava na orientação sobrenatural para seu reinado e vida após a morte.

10. **Imperador Qin Shi Huang:** O primeiro imperador da China e o governante que ordenou a construção do Exército de Terracota e seu enorme mausoléu. Ele unificou a China em 221 a.C. e lançou as bases para a Dinastia Qin, que é lembrada pela sua força militar, governo centralizado e contribuições culturais.

11. **Escavação:** O processo de descoberta de artefatos históricos e vestígios subterrâneos, geralmente realizado por arqueólogos. A escavação do local do Exército de Terracota começou em 1974 e continua até hoje, revelando novos tesouros e informações sobre a Dinastia Qin na China.

12. **Soldado de infantaria:** Um soldado de infantaria do Exército de Terracota, representando a maior parte das forças do imperador. Esses soldados estavam dispostos em formação de batalha, posicionando-se na linha de frente com várias armas, como lanças, espadas e escudos.

13. **Laca:** Uma camada protetora feita de seiva de árvore que foi usada para revestir os guerreiros de terracota e suas armas. Com o tempo, a laca deteriorou-se, mas originalmente teria dado aos guerreiros uma aparência vibrante e polida.

14. **Você é:** O principal conselheiro do imperador Qin Shi Huang e uma figura importante no governo Qin. Li Si foi fundamental em muitas das políticas do imperador, incluindo a padronização da moeda, pesos, medidas e a criação da Grande Muralha da China.

15. **Mausoléu:** Uma grande tumba ou cemitério, geralmente de membros da realeza ou de indivíduos de grande importância. O mausoléu do Imperador Qin Shi Huang, localizado perto de Xi'an, é um dos maiores e mais elaborados túmulos já construídos e abriga o Exército de Terracota.

16. **Mandato do Céu:** Uma antiga crença chinesa de que o céu concedia aos imperadores o direito de

governar com base na sua capacidade de governar bem e com justiça. Qin Shi Huang reivindicou esta autoridade divina, o que justificou o seu governo sobre a China.

17. **Poço 1:** O maior dos três principais locais de escavação no complexo do Exército de Terracota, contendo mais de 6.000 guerreiros em tamanho natural dispostos em formação de batalha. Acredita-se que representa o núcleo do exército do imperador, com soldados de infantaria, arqueiros e bigas.

18. **Poço 2:** O segundo maior fosso, com unidades mais especializadas, incluindo cavalaria, arqueiros e carros de guerra. Este poço demonstra as diversas estratégias militares empregadas pelo exército Qin.

19. **Poço 3:** O menor poço, muitas vezes referido como centro de comando do Exército de Terracota. Ele contém oficiais de alta patente e bigas, que se acredita representarem os generais que teriam supervisionado o exército na vida e na vida após a morte.

20. **Dinastia Qin:** A primeira dinastia imperial da China, durando de 221 a 206 aC. Foi fundada por Qin Shi Huang e é conhecida por unificar a China, estabelecer um governo centralizado e iniciar

grandes projetos de infraestrutura como a Grande
Muralha e o Exército de Terracota.

21. **Terracota:** Tipo de argila utilizada em cerâmica,
escultura e decoração arquitetônica, conhecida por
sua cor marrom-avermelhada.

22. **Complexo da Tumba:** Todo o cemitério do
Imperador Qin Shi Huang, incluindo o mausoléu
central, os poços circundantes contendo o Exército
de Terracota e outras seções ainda a serem
escavadas. Acredita-se que este complexo seja
vasto, com muitas seções ainda desconhecidas.

23. **Patrimônio Mundial da UNESCO:** Designação
dada a sítios culturais ou naturais de valor universal
excepcional. O Exército de Terracota e o Mausoléu
do Primeiro Imperador Qin foram designados
Patrimônio Mundial da UNESCO em 1987 devido
ao seu significado histórico e à preservação da
antiga cultura chinesa.

24. **Estados Vassalos:** Regiões ou reinos menores que
estavam sob o controle do estado Qin antes da
unificação da China. Muitos dos soldados do
Exército de Terracota provavelmente representam
guerreiros desses vários estados que Qin Shi Huang
conquistou durante seu reinado.

25. **Carruagem de Guerra:** Um veículo puxado por cavalos de duas rodas usado pelos soldados na antiga guerra chinesa. No Exército de Terracota, as bigas são representadas ao lado dos soldados, refletindo a importância da mobilidade e da estratégia no campo de batalha nas forças armadas de Qin.